Ölgemälde von Wolfgang M. Prinz

Alfons Schweiggert

WOLPERTINGER oder DER GEHÖRNTE HASE

Alfons Schweiggert

Wolpertinger

oder

DER GEHÖRNTE HASE

Eine ernsthafte Untersuchung eines bayerischen Phänomens

Ludwig

Inhalt

Inhalt

Inhalt

Martes

Vulpes Fuchs

Inhalt

A.B. FROST

Der gehörnte, gefleckte Hase. Lepus cornibus et maculis distinctus.

Wir Menschen und der Wolpertinger

Versuch einer wissenschaftlichen Annäherung

Den gehörnten Hasen gibt es entgegen allen Unkenrufen. Auch wissenschaftlich wird seine Existenz nicht mehr angezweifelt. Dieses Buch wurde geschrieben zur Bewahrung des gehörnten Hasen vor sinnlosen Verfremdungen, wie sie unglaubwürdige Berichte und manche Wolpertinger-Präparate darstellen, die aus mehr als drei Tieren zusammengesetzt sind, und die nicht selten Strickzeug oder Schnapsflaschen in den Pfoten als unglaubwürdiges Accessoire haben und Brillen auf ihren Nasen und die dazu beitragen, den gehörnten Hasen zunehmend der Lächerlichkeit preiszugeben. Mittlerweise wurde seine geheimnisvolle Existenz so zerredet und mit willkürlichen, oft läppischen Erfindungen angereichert, daß weder Norddeutsche noch Ureinwohner Australiens an diese Wolpertinger-Karikaturen zu glauben vermögen.

Der gehörnte Hase gehört nicht dem Bereich des Unsinns an, sondern der Glaube an seine Existenz und das Wissen um sein Wesen und seine Bedeutung ist tief in der Seele des Kundigen verwurzelt.

Aus der unerschöpflichen Fülle der Reichtümer des deutschen Volkstums ist er nicht mehr wegzudenken. Wer sich nicht nur mit der Oberfläche der Erscheinungen zu begnügen pflegt, sondern geistig aufgeschlossen nach ihrem Sinn und ihrer Bedeutung fragt, erhält mit diesem Buch einen informierenden, zuverlässigen Wegweiser durch die Welt der Bilder und Symbole, wie sie das Wesen des gehörnten Hasen reichlich enthält. Wer in sie eindringt, entdeckt überrascht geistig-seelische Komponenten der eigenen Persönlichkeit, die oft unbewußt auf dieses Wesen übertragen wurden und sich im Laufe von jahrhundertelanger gesellschaftspolitischer und kultureller Entwicklung zusammenfügen und verdichten konnten.

Eigene Erlebnisse, Beobachtungen, Wünsche, Vorstellungen und Ängste gruppierten sich in einzigartiger Weise zu dem Bild, das vom Wolpertinger oder gehörnten Hasen in seiner ursprünglichen Form noch existiert und das es längst verdient hat, von allem kitschigen, unechten Beiwerk befreit zu werden.

Alfons Schweiggert

Die »reine Lehre« vom gehörnten Hasen, dem Walbending oder Wolpertinger

Anfang unseres Jahrhunderts war der gehörnte Hase oder der Hase mit Hörnern, heute Wolpertinger genannt, im bayerischen Raum schon längst bekannt. Es wurde kaum über ihn geredet und auch selten ein Unkundiger auf die Jagd nach ihm ausgeschickt. Die Lehre über sein Wesen und sein Verhalten hatte sich mehrere Jahrhunderte lang fast unverändert bewahren können. Eine diesbezüglich zuverlässige alte Quelle ist wohl der Bericht des 1876 geborenen Altbayern Ambrosius Hallinger, der über den Hasen mit Hörnern noch von seinem Vater folgendes überliefert bekam:

»Früher ist nicht viel geredet worden über das Walbending, den Hasen mit Hörndln. Kaum jemand hat ihn gesehen, nur ganz wenige Leut' haben einen ausgestopft unauffällig in ihrer Wohnung stehen gehabt. Ist der Besitzer von einem solchen daraufhin angesprochen worden, hat er meistens nichts gesagt und geheimnisvoll geschwiegen. Das einzige, was man aus ihm herausbekommen konnte, war: *Den gibt es. Ich hab ihn gesehen und selber gefangen.*

Wurde man von einem solchen Jäger mit auf die Jagd genommen, mußte man eine Kerze aus Bienenwachs und einen leeren Kartoffelsack mitnehmen. Das Kerzenlicht soll angeblich das Walbending angelockt haben. Wenn es in den Sack gekrochen ist, hat man ihn schnell zuhalten und zubinden müssen. Dann war es gefangen.

Die Jagd hat immer nachts und bei Vollmond sein müssen, weil ein Walbending nur in der Nacht im Mondlicht aus seinem Bau gekommen ist. Besonders vor einem starken Gewitter haben sich die Dinger oft mehrere Tage sehr häufig gezeigt. Das Wesen hat den Leib eines Hasen gehabt und Rehbock- oder Gamshörndln. Manchmal hat der Kopf ausgeschaut wie ein Marderkopf mit seinen spitzen Raubzeugzähnen. Und an den Läufen sind spitze Krallen herausgewachsen. Oft ist der Schwanz länger und buschiger gewesen als bei einem normalen Hasen. Das Walbending hat es mit vielen Tieren getrieben, sogar mit Hähnen soll es sich gepaart haben. Es war immer so schnell weg als ob es hätte fliegen können. Manche sollen auch Flügel gehabt haben, haben ein paar behauptet.

Von einem gefangenen Hasen mit Hörndln hat man gerne die Spucke (Speichel) abgezapft. Die war nämlich ein gutes Mittel für den Haarwuchs bei Platterten (Kahlköpfen). Der Saft ist von manchen Kräuterweibern verkauft worden. Und das Fett von seinem Bauch hat man gegessen und einmassiert. Das hat einem überall große Kraft gegeben.

Wer bei einer Jagd nach dem Walbending nichts gefangen hat, hat

Wolpertinger aus dem Wohnzimmer des 1876 geborenen Ambrosius Hallinger, den er angeblich von seinem Vater ererbt hat. Archiv: A. und G. R. Kaut

Wolpertinger in engem Kontakt mit hungrigem Steinadler.
Archiv: J. Spanner

den, der ihn dazu gebracht hat, zu ein paar Maß Bier eingeladen. Dabei haben beide überlegt, was falsch gelaufen sein könnte. Und oft haben sie gelacht, weil sie das Ganze nicht so blutig ernst genommen haben.

Aber sonst hat man über den Hasen mit Hörnern nicht viel geredet und auch nicht viel mehr gewußt. Heutzutage machen sie soviel Wind um das Walbending, wo es doch kaum mehr eines gibt, wenn es nicht gar schon ganz ausgestorben ist.«

Soweit der Bericht des sechsundachtzigjährigen Hallinger im Protokoll von 1962. In den folgenden Kapiteln sollen nun die in dieser Schilderung vorkommenden wesentlichen Begriffe auf ihren Symbolgehalt und ihre volkskundliche Bedeutung hin untersucht und dadurch ihr tieferer Sinn und ihre ursprüngliche Bedeutung freigelegt werden. Vielleicht ist es dadurch möglich, den kulturhistorischen Wert aufzuzeigen, den der gehörnte Hase in jahrhundertelanger Entwicklung erreichte und der auch heute noch erhalten zu werden verdient.

I.

Urzeitliche Vorfahren des gehörnten Hasen

Wie alles Leben, so kommt auch der Wolpertinger aus dem Wasser. Seine Urahnen sind unter den Fischen, Reptilien, zweifellos auch unter Sauriern, Vögeln und Säugetieren zu suchen. Das Aussehen dieser urzeitlichen Tiere war derart vielfältig, daß im Vergleich zu ihnen die heutigen Wolpertinger geradezu normal aussehen.

Ein Vorläufer der Säugetiere und damit interessanter Urahn der Wolpertinger durchstreifte vor etwa 220 Millionen Jahren, also noch zur Zeit der Dinosaurier, die Wälder. Es handelte sich dabei um das etwa zwei Meter lange *Cynognathus*, einen Fleischfresser, dessen Eckzähne verlängert waren. Es hatte ein dichtes Fell und scharfe Zähne wie ein Säugetier, legte aber wie alle Reptilien Eier, die von der Sonne ausgebrütet wurden. Damit wurde er zum Vorfahren des eierlegenden Wolpertingers. Hörner besaß er allerdings noch keine.

Millionen Jahre später tauchte ein hörnertragendes Nagetier auf, der eigenartige *Ceratogaulus*, der »gehörnte Wühler«, ein 60 Zentimeter langer Nager, der zwei spitze Hörner auf der Stirn trug. Wozu er sie gebrauchte, ist nicht bekannt. Er grub bis zu zwei Meter lange, seltsame spiralig geformte Röhren in den Boden, die ihm als Eingänge zu seinen unterirdischen Höhlenbauten dienten. Diese Röhren nannten die Wissenschaftler nach ihrem eigenwilligen Aussehen scherzhaft »des Teufels Korkenzieher«.

Vor etwa 26 Millionen Jahre gab es auch auffallende Horngebilde, wie Funde belegen. Die Tiere gehörten zur größten Gruppe der Huftiere, zu den Wiederkäuern, und sind heute alle längst ausgestorben.

Während die Verwandten von Hirsch, Reh, Ziege und Antilope ihre Hörner zwischen den Ohren zu tragen pflegen, besaß beispielsweise der *Cranioceras* noch ein drittes Horn, das nach hinten gerichtet war. Der *Syndyoceras*, ein altertümlicher Verwandter der Hirsche und etwa so groß wie ein heutiger Schäferhund, hatte vier Horngebilde, davon eines auf der Nase. Es handelte sich dabei um ein breites, oben gespaltenes Horn.

Beim *Protoceras* war das Gehörn über die ganze Stirn und über den Vorderschädel hin bis zur Nase verteilt. Anstelle eines einzigen großen Gehörns waren bei ihm mehrere unterschiedlich große Buckel ausgebildet. Am auffälligsten aber war der Kopfschmuck beim *Synthetoceras.* Dieses Tier ähnelte einer großen Antilope. Zwischen den Ohren saßen zwei kurze, etwas gebogene Hörner. Auf dem vorderen Teil des Schädels, unmittelbar über den Nasenöffnungen, war jedoch noch ein großes Horn, das oben in zwei nach hinten gebogene Enden auslief. Dieses Y-förmige Horn zählt zu den merkwürdigsten Ausbildungen, die es bei Paarhufern je gab.

Der *Prosynthetoceras* besaß neben dem Y-förmigen Nasenhorn noch ein nach vorne gebogenes Stirngehörn.

Die hier genannten Tiere, die vor Jahrmillionen tatsächlich einmal existierten, werden allerdings von uneingeweihten Beobachtern unserer Zeit leichthin ebenso ins Reich der Fabel und der Phantasie verwiesen wie die Wolpertinger, obwohl auch deren Existenz immer weniger abzustreiten ist.

Vor etwa 35 000 Jahren, in der jüngeren Altsteinzeit, begannen künstlerisch veranlagte Menschen erste Schmuckgegenstände mit Knochen- und Steinritzungen anzufertigen. Die Gravierung stellt damit gleichsam die Wiege der Malerei dar. Der Steinzeitmensch versuchte, in den Ritzzeichnungen die Spuren der sich ihre Krallen am Stein wetzenden Tiere oder die seiner eigenen Hände auf den Lehmwänden der Höhlen festzuhalten oder neu zu schaffen. Es

Links: Der Cynognathus, ein säugetierähnliches Reptil der Urzeit.

Rechts: Der Ceratogaulus, ein »gehörnter Wühler« der Urzeit.

Seltsame Hornträger der Urzeit: Der Cranioceras, der Syndyoceras und der Protoceras (oben); der Synthetoceras und der Prosynthetoceras (unten).

war also einfacher Nachahmungstrieb, der diese mit Kerbschnitten, Zacken und Stichen versehenen Knochenfragmente als erste Studien der Gravierkunst entstehen ließ.

Eine bereits besonders gelungene steinzeitliche Ritzzeichnung auf einem Mammutzahn, der in Abri Mège in der Dordogne in Frankreich gefunden wurde, zeigt zwei tierähnliche Wesen mit

Hasenohren und Hörnern, die von manchen Experten mangels besseren Wissens als frühe Abbildungen von Gemsen bezeichnet wurden.

Da die steinzeitlichen Künstler, wie die berühmten Höhlenmalereien von Lascaux deutlich beweisen, sehr genau arbeiteten, wäre es ihnen zweifellos nicht schwer gefallen, kürzere Ohren zu gestalten, falls sie wirklich Gemsen gemeint hätten. Aber sie bemühten sich, ein langohriges Wesen mit Hörnern abzubilden, wodurch der Nachwelt auch die steinzeitliche Existenz des gehörnten Hasen eindrucksvoll vor Augen geführt wird.

Die Abbildungen unten:

Links: Der Beweis für die schon steinzeitliche Existenz des gehörnten Hasen (Ritz-Zeichnung auf einem Mammutzahn, gefunden in Abri Mège, Dordogne, Frankreich).

Rechts: Eine rätselhafte Darstellung: Zeigt sie einen Zauberer in Tierfellen oder ein gehörntes Mischwesen? (Ritz-Zeichnung auf einem Mammutzahn der Steinzeit aus der Trois-Frères-Höhle in Frankreich).

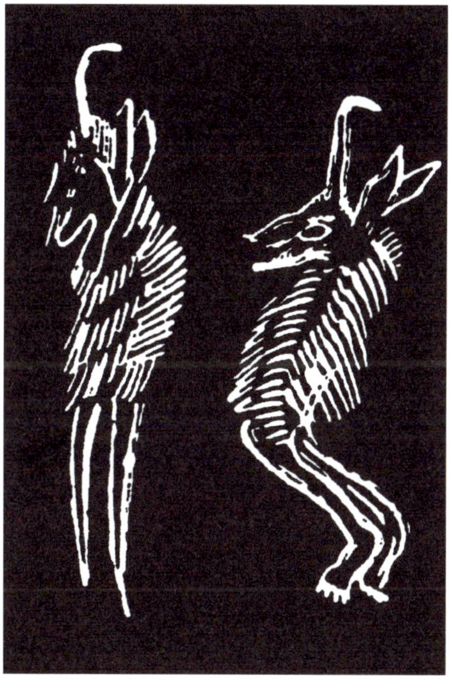

II.
Die geschichtliche Entwicklung des Wolpertingers

Die Ursprünge des gehörnten Hasen und damit des Wolpertingers liegen in den Anfängen der Naturgeschichte. Zu Recht wird Aristoteles (384–322 v.Chr.) als der Begründer der wissenschaftlichen Zoologie genannt. Zwar stellt sein Werk »De Animalibus« noch nicht eine naturwissenschaftliche Arbeit dar, die den heutigen Anforderungen entspricht. Sie enthält aber viele richtige Erkenntnisse und beeinflußte weit über ihre Zeit hinaus auch noch Wissenschaftler und Philosophen des Mittelalters.

Da Aristoteles lediglich eingeschränkte Möglichkeiten zu eigener Naturbeobachtung besaß, mußte er sich meist auf Berichte von Soldaten verlassen, die weit im Reich Alexanders des Großen herumgekommen waren, und ebenso auf die Schilderungen von Jägern und Fischern. Die Mitteilungen aus zweiter und dritter Hand enthielten naturgemäß viele Fehler und Übertreibungen, da sie auf ungenauen Beobachtungen basierten.

Fabeltiere vom Altertum bis zum Mittelalter

Diese lückenhafte und großenteils sogar falsche Naturgeschichte wurde ohne durchgreifende Korrekturen bis weit in das Mittelalter hinein weitergegeben und berichtete von der Existenz unglaublicher Fabeltiere. So konnte man Abbildungen bestaunen wie beispielsweise den Basilisken, ein Mischwesen aus Drache und Hahn, das rätselhafte Einhorn, den Riesenvogel Greif, der mit dem Hinterleib eines Löwen und dem Kopf eines Adlers ausgestattet war, die menschenfressende Manticora mit stachelbewehrtem Schwanz, Löwenleib und Männerkopf, der mit mehreren Zahnreihen bestückt war. Die Chimäre besaß gleichzeitig einen Löwen- und einen Ziegenkopf, dazu einen schlangenköpfigen Schwanz. Außerdem existieren angeblich mehräugige Seeungeheuer, ja sogar ein Forstteufel, der einem Wolpertinger nicht unähnlich sah.

Mischwesen, von deren Existenz man in alter Zeit überzeugt war. Von oben nach unten: Das Wasserroß und die Chimäre, die Manticora und der Drache, das Meeresungeheuer und der Forstteufel, der Meerdrachen und der Hyänenwal (alle um 1650).

Zwischen 1500 und 1700 glaubte man an seltsame Mischwesen, wie an das afrikanische Ungeheuer und den Basilisken (oben). Sogar eine Art Urwolpertinger (um 1560) und ein Meerteufel wurden bildlich dargestellt (unten).

Der Großteil der Menschen glaubte damals an die Existenz derartiger Wesen, kannten sie doch kaum Tiere, mit Ausnahme etlicher Haustiere, die in ihrer Umgebung lebten und einiger weniger Wildtiere, die man jagte, wie beispielsweise Rehe und Hirsche.

Nach Charles Raven »war man der Natur gegenüber voreingenommen, ... man suchte in der Natur nicht Wissen, sondern Erbauung, nicht Aufklärung, sondern Bestätigung von vorgefaßten Ideen.«

Dies bestätigte auch eine seltsame Sammlung von meist völlig erfundenen Tierbeschreibungen, genannt »Physiologus«, was soviel wie »der Naturforscher« bedeutet. Dieses über tausend Jahre lang in zahlreichen Sprachen weit verbreitete Werk war der Vorläufer jener

Dämonische Wesen, die an Wolpertinger erinnern: in Martin Schongauers Kupferstich »Peinigung des hl. Antonius« (um 1470).

Oben: Das gehörnte Wesen, das Matthias Grünewald in dem Flügelbild »Versuchung des hl. Antonius« auf dem Isenheimer Altar darstellte (um 1511–1515).

Unten: Rund hundert Jahre später entstand in Leipzig anno 1595 diese Illustration von einem gehörnten Teufelswesen oder Wolpertinger.

Tierbücher, die im Mittelalter »Bestiarien« genannt wurden. In ihnen feierte die Phantasie einen Höhenflug. Es entstanden zahlreiche Ungeheuer. Wie der Blick in verschiedene gotische Kirchen beweist, faßten sie auch dort Fuß.

Der bedeutendste Künstler der deutschen Spätgotik, Martin Schongauer, schuf um 1470 den Kupferstich »Peinigung des heiligen Antonius«, der unter anderem neun monströse Teufelswesen zeigt,

Etwa um 1511 bis 1515 bildete auch Meister Matthias Grünewald auf der Rückseite eines inneren Flügels des

Isenheimer Altars in dem Bild »Versuchung des hl. Antonius« ein gehörntes Wesen ab, das stark an einen Wolpertiner erinnert.

Die Betrachter glaubten an seine Existenz. Wahrnehmung und Einbildung waren eben nicht streng geschieden. Beschriebene oder abgebildete Phantasiewesen fingen ein eigenes Leben zu führen an.

Bis zum Ende des 16. Jahrhundert ging es weder den Verfassern noch den Lesern dieser Werke darum, die meist phantastischen Beschreibungen auf ihre wissenschaftliche Genauigkeit hin zu überprüfen. Der Glaube an Zauberwesen und Hexen, an sagenumwobene Länder und legendäre Ungeheuer war in allen Bevölkerungsschichten weit verbreitet. Kein Wunder, daß die Bestseller jener Zeit Bücher waren, die Fabeltiere, Monstren und ungeheuerliche Begebenheiten beschrieben. Alle vorkommenden Wesen wurden mit ihren Eigenschaften als ebenso real angesehen wie Tiere, die tatsächlich existieren. Viele Holzschnitte von merkwürdigen Säugetieren und Fischen in diesen frühen Werken verdanken ihre Existenz ausschließlich der Phantasie einfallsreicher Künstler.

Oben: Der Lepus cornutus (Gehörnte Hase) aus Conrad Gesners (1516 bis 1565) fünfbändiger Naturgeschichte »Historia animalium« .
Unten: Darstellung der Entwicklung des Hasen-Gehörns bei Gesner.

Der gehörnte Hase (Conrad Gesner) und der gehörnte Hahn (Adriaen Collaert)

Sich aus diesem Wirrwarr der absurden Unwahrheiten zu befreien, gelang einigermaßen erst Conrad Gesner (1516 bis 1565), dessen fünfbändige Naturgeschichte »Historia animalium« zwischen 1551 und 1587 herausgegeben wurde. Sie umfaßt 4000 Seiten und enthält Hunderte von Illustrationen, darunter immer noch von einigen Phantasiewesen, so auch von einem »Gehörnten Hasen« (*Lepus cornutus*).

Cuvier schrieb: »Gesners Tierbücher müssen als Basis der modernen

Oben: Fliesen mit gehörnten Hasen (um 1635/50).
Unten: Fliesen mit gehörnten Hähnen (im 17./18. Jahrhundert).

Zoologie betrachtet werden. Von Aldrovandi beinahe abgeschrieben und von Jonston in einer gekürzten Fassung herausgegeben, war Gesners Werk die Grundlage für zahlreiche spätere Schriften. Mehr als ein berühmter Autor hat heimlich den größten Teil seines Wissens daraus geborgt.«

In der Tat lehnten sich Autoren wie der genannte Ulisses Aldrovandi (1522 bis 1605) in seinem Werk »Historia monstrorum« (1642) an Gesners »Urschrift« eng an, ebenso wie Clusius, Adriaen Collaert, Abraham und Nicolas de Bruyn. Auch die berühmte, 1650 erschienene »Naturgeschichte der Tiere« von Matthäus Merian dem Älteren (1593–1650) und John Jonstons – auch

Johann von Johnston genannt (1603–1676) – sechsbändiges Werk von 1660 greifen auf Gesners Arbeiten zurück und zeigen gehörnte Tiere, die üblicherweise hornlos sind, so immer wieder den gehörnten Hasen, den gehörnten Hahn und die gehörnte Schlange. Der gehörnte Hahn kann bereits auf einem Stich Adriaen Collaerts aus dem Jahre 1580 bewundert werden, wobei gehörnte Hähne, wie noch dargelegt werden wird, wirklich existierten.

Oben: Münchhausens berühmter Doppelhase, bereits abgebildet und beschrieben im Jahre 1642 bei Aldrovandi.

»Fabelhafte« Hasen aus alter Zeit

Seit dem Jahre 1602 spukt der gehörnte Hase dann ebenfalls in der zeitgenössischen Jagdliteratur herum und das gesamte 17. und 18. Jahrhundert hindurch finden sich auf diversen Kupferstichen, Fliesen und anderen Abbildungen gehörnte Hasen und Hähne.

Auch schriftliche Kommentare existieren dazu. 1786 erwähnte Karl Friedrich Hieronymus Freiherr von Münchhausen in seinen Erinnerungen an »seine wunderbaren Reisen und Abenteuer« einen nahen Verwandten des gehörnten Hasen, den Doppelhasen. Der Doppelhase hat zwei Paar Ohren, vier Paar Beine und zwei Schwänze. Die Anordnung von je vier Beinen am Bauch und am Rücken erlaubte es ihm, bei Bedrohung pausenlos mehrere Tage hintereinander zu fliehen, wie Münchhausen versichert. »... waren die zwei

Unten: Gans mit Reservebeinen, als vierfüßiger Vogel ein Vorläufer der Elwetritsche (um 1640 bei Aldrovandi).

Seltene Nachtaufnahme von Wolpertingern im Ebersberger Forst. Archiv: A. und G. R. Kaut

untern Paar müde, so warf er sich wie ein geschickter Schwimmer, der auf Bauch und Rücken schwimmen kann, herum, und nun ging es mit den beiden neuen mit verstärkter Geschwindigkeit fort.« Die vierfüßige Ente ist sein Gegenstück aus der Vogelwelt.

1785 erschien die umfängliche Naturgeschichte des berühmten Georges Buffon in deutscher Sprache, in der auch ein kolorierter Kupferstich zu bestaunen war, unter dem man folgende Zeilen lesen kann: »...Zuweilen bringt die gesetzlose Natur wider ihre Gewohnheit gehörnte Hühner, Hindinnen und Rehgeisen, also auch wohl gehörnte oder Hirschhasen hervor, da sie sonst überhaupt nur die zweiklauigen Tiere zu Hörnerträgern bestimmt zu haben scheinet. Dergleichen seltene Hasenhörner sind eigentlich ordentliche mit Enden versehene Geweihe.«

Der berühmte Danziger Naturforscher Klein hat in seiner Sammlung selbst ein solches Geweih besessen, und Balbinus versichert, im Norwegischen wäre es nichts Ungewöhnliches, dergleichen Tiere zu sehen.

Hasen ziehen einen eingefangenen Jäger an einem Baum hoch.

In Sachsen hat, wie Gesner berichtet, ein vornehmer Herr einen gehörnten weißgrauen Hasen ein ganzes Jahr lang erzogen.

Ein Herr Renaudaut »erzählet: zu seiner Zeit habe der Herzog von Vitry einen Hasen dieser Art auf der Jagd gefangen, und mit selbigem dem Könige von Engeland, Jakob dem Ersten, ein angenehmes Geschenk gemacht.«

Aber bereits um 1800 tauchten auch die ersten Äußerungen auf, welche die Existenz eines gehörnten Hasen leugneten, wie folgender Vers aus dem Jahre 1817 beweist:

Gehörnte Hasen soll es geben?
Wie? Sollten deren wirklich leben?
Auf Läufen, Freund, sah ich
noch keinen,
doch sieht man manchen
auf den Beinen.

Trotz dieser Unkenrufe, die auch heute noch nicht verstummt sind, begann sich der Glaube an dieses Wesen ständig fester zu verankern, wie folgende Notiz des bekannten Forstmannes von Wildungen beweist, der 1798 in seinem »Neujahrsgeschenk für Forst- und Jagdliebhaber« versichert: »... Seit dem ich alles, was über diese fast unerklärliche Naturanomalie (des gehörnten Hasen) von jeher geschrieben und gesagt worden ist, etwas sorgfältiger zu sammeln angefangen habe, fange ich endlich an, auch von jenem Unglauben mich zu bekehren.«

Drei- und achtbeinige Hasen

Neben dem gehörnten Hasen und dem gehörnten Hahn beginnen nun weitere eng verwandte Fabeltiere ihre Existenz. Der dreibeinige Hase galt als gefürchtete Hexenerscheinung und wurde oft bei der wilden Jagd gesehen, wie er zwischen Heiligabend und Dreikönig durch die Lüfte hetzte.

Auch in der Sage tritt er auf, verwandelt sich plötzlich in Holz oder bewacht als Teufelstier verborgene Schätze. Nur wer in Gottes Namen geht, kann an sie herankommen, wer sie in Teufels Namen an sich zu bringen versucht, wird vom drei- oder gar achtbeinigen Hasen, womöglich dem Teufel persönlich, geholt und vernichtet.

Wer derart verhexte Hasen zu jagen versucht, trifft sie niemals mit einer Gewehrkugel und sollte deshalb schleunigst von seinem Tun ablassen, denn wer ihn schließlich doch zu greifen bekäme, der würde im selben Augenblick zur Hölle fahren müssen. Auch dem gehörnten Hasen können Gewehrkugeln bekanntlich nichts anhaben. Er kann nur lebendig in einem Sack gefangen werden.

Fabulöse Hasengeschichten schildern, wie die Langohren über die Jäger Gericht halten und sich für angetane Quälereien rächen, indem sie die Verurteilten in Prelltüchern zur Strafe hoch in die Luft schnellen.

Auch auf Hunden reitende Hasen

sieht man in bildlichen Darstellungen, und zweifellos fand durch sie dieser Mythos auch in die Schilderung über Verhaltensweisen des gehörnten Hasen Eingang, der ja bekanntlich ohne Scheu Jagdhunde anzugreifen pflegt und sie, auf ihrem Rücken reitend, in die Flucht schlägt.

Die Habergeiß

Im Alpenraum existiert im Volksglauben noch ein anderes, den diversen Wunderhasen nahestehendes dämonisches Wesen: Die Habergeiß, ein in den Bergen beheimateter zweigeschlechtlicher, dreibeiniger Gespenstervogel mit Vampirzähnen. Es handelt sich dabei um eine überdimensionale geflügelte Berggeiß mit zottigem Vogelleib und wuchtigem Ziegenkopf, der von rotglühenden, funkensprühenden Augen beherrscht wird. Die Spannweite ihrer schwarzgefiederten Flügel ist größer als die eines gewaltigen Riesenvogels. Nachts belästigt sie mit ihren dolchspitzen gelben Krallenfüßen ahnungslose Wanderer. Dabei stößt sie ein unheimliches, häßliches, meckerndes Kreischen aus, das taub macht und den, der es vernimmt, wahnsinnig werden läßt.

Wen sie einmal gepackt hat, den trägt sie weit fort und läßt in womöglich in eine tiefe Felsschlucht stürzen. Wer von einer Habergeiß angehaucht wird, dem bläst der Tod ins Ohr.

Die Habergeiß, ein dreibeiniger Gespenstervogel (oben). Auch vierköpfige geflügelte Mischwesen wurden um 1600 häufig dargestellt (unten).

Den um die Jahrhundertwende existierenden »Hirschbockbirkfuchsauergams«, einen extrem großen Wolpertinger, zeichnete kein geringerer als der berühmte bayerische Schriftsteller und Jäger Ludwig Ganghofer.

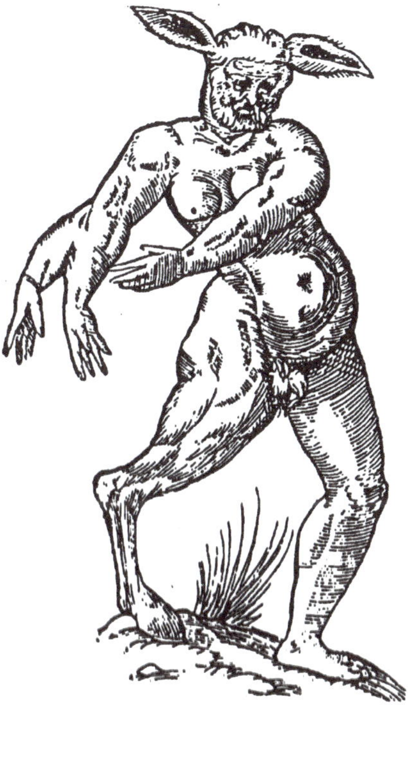

Oben: Mischwesen aus Schedels »Weltchronik« (1493).
Unten: Ein Mann mit Eselsohren und Pferdefuß (Aldrovandi)
und eine Frau mit Hasenohren (Aldrovandi).

Oben: Karl Valentins berühmter »Fischgemsigeldackelentenelsterschlangenhasenkarpfenrollenhirschbartsaurus«.

Unten: Karl Valentins Wolpertinger (um 1934).

Deshalb gilt sie auch als Todesdämon. Ein schwarzer Ziegenbock, ins Schlafzimmer gestellt, schützt vor ihren bösen Umtrieben.

Mischwesen im Volksglauben

Auf alten Abbildungen sind bisweilen menschliche Mißgeburten dargestellt, also Personen mit Augen auf der Brust, mit zwei Köpfen, mit übergroßen Füßen oder mit Pelzbehaarung am ganzen Körper. Auffallend sind auch Menschen mit Hörnern auf dem Kopf und mit Hasenohren. Diese Darstellungen erinnern unwillkürlich an den gehörnten Hasen und es wäre sicherlich nicht so abwegig, anzunehmen, daß im gehörn-

Links: Conrad Gesner (um 1555) zeichnete viele Mischwesen. –

Rechts: Sicher kannte er auch schon den Adlerlöwenbock und den Kamelpard, eine Kreuzung von Kamel und Leopard, aus dem dann sogar ein giraffenähnliches Tier wurde.

ten Hasen durchaus psychische Kräfte vermutet wurden, die den menschlichen sehr stark ähnelten.

Auch aus den Wachsfigurenkabinetten des 19. Jahrhunderts sind gehörnte Menschen bekannt oder Freaks, die mit überdimensionalen Ohren ausgestattet sind. Oft wurden sie auch nur täuschend echt maskiert auf Jahrmärkten und in Zirkus-Shows als menschliche Monstren dem staunenden Publikum vorge-

Wolpertinger bei Vollmond am Königssee, einen Jäger sichtend. Archiv: A. und G. R. Kaut

führt, das diesen Anblick entsetzt genoß und an der Echtheit des Gesehenen nicht zweifelte. Warum sollte es Abnormitäten und Launen der Natur, die man im Tierreich vermutete, nicht auch bei Menschen geben, steht doch der Mensch auch bezüglich seiner Entwicklung mit Tieren in engster Verbindung.

Vielleicht also verstand man neben allem anderen den Wolpertinger auch noch als ein mit Hörnern, Hasenohren und anderen tierischen Attributen maskiertes Menschenwesen.

Zwischen 1800 und 1900 spielte der gehörnte Hase keine herausragende Rolle. Das Brauchtum, das sich bis zu dieser Zeit ohnehin nur mäßig entwickelt hatte, stagnierte. Um 1900 tauchte in Bayern der Kreiß als Vorläufer des Wolpertingers auf.

Den um die Jahrhundertwende existierenden »Hirschbockbirkfuchsauergams«, einen extrem großen Wolpertinger, zeichnete kein Geringerer als der legendäre bayerische Schriftsteller und Jäger Ludwig Ganghofer.

Erst Ende des Jahres 1934 gab es ein zaghaftes Signal für ein neues Aufleben. Der geniale Komiker Karl Valentin richtete in München ein Panoptikum ein, ein Museum mit skurrilen Exponaten, in dem das Bild eines Wesens auffiel, dem er den schier unaussprechlichen Namen gab: »Fischgemsigeldakkelentenelsterschlangenhasenkarpfenrollenhirschbartsaurus«.

Das dargestellte Tier hat den Kopf von einem Fisch (Hecht), die Hörner von einer Gemse, die Stacheln am Hals vom Igel, die krummen Beine von einem Dackel, die Vorderfüße von einer Ente, die Flügel von einer Elster, den langgestreckten Körper von einer Schlange, die Hinterläufe von einem Hasen, die Rückenflossen von einem Karpfen, die Stimme ist dem Röhren eines Hirschen ähnlich, auch wenn sie vom Bild heraus nicht zu hören ist, dazu kommen bartähnliche Fortsätze am Schwanz, der einem Saurier gehören könnte. Zu den Rollen unter dem schweren, langen Schwanz meinte Valentin: »Für d'Hinterfüaß is uns nix mehr eingfalln, da ham ma'n einfach auf a Radl g'stellt.« Es handelt sich hier vermutlich um ein drittes zusätzliches rollenartiges Beinpaar.

Es ist zweifellos ein Glücksfall, daß der moderne Wolpertinger, ein Mischwesen aus mehreren Tieren, gerade den großen Philosophen Karl Valentin zum Paten hat. Der so gewandelte gehörnte Hase betritt also gleichsam mit einem Paukenschlag das Podium der Öffentlichkeit und erobert diesmal als eindeutiges Nonsense-Produkt das allgemeine Interesse. Dadurch wurden leider aber auch allen oberflächlichen, verkitschten und phantasielosen Verballhornungen Tür und Tor geöffnet.

Im Valentin-Musäum ist übrigens noch heute ein anderer Valentin-Wolpertinger ausgestellt. Die Bildunterschrift unter dem Schaukasten lautet: »Original Wolpertinger. Ein seltenes Exemplar dieser Gattung, die nur in den Bayerischen Alpen vorkommt (sehr selten!)!« Vermutlich handelt es sich bei diesem Exemplar um eines der ersten Präparate eines gehörnten Hasen, der den Namen Wolpertinger verdient, da er auch einen Eichhörnchenschwanz und Flügel aufweist.

Ungewöhnliche Kreuzungen

Nach den Regeln der Vererbungslehre können sich nur jene Tiere erfolgreich miteinander paaren, die einer gleichen Art angehören. Ausnahmen bestätigen die Regel, so auch wenn einzelne Individuen, allerdings nahe verwandter Arten, sich erfolgreich kreuzen. Beispielsweise sind Maultiere die Nachkommen von Pferd und Esel. Leporiden heißen die Jungen, die Hase und Kaninchen produzieren können.

Die moderne Genetik experimentiert seit langem mit Bakterien verschiedener Arten und versucht dabei die Barrieren zwischen ihnen abzubauen. Dabei ist sie immer wieder erfolgreich, was in der Öffentlichkeit meist großes Unbehagen auslöst.

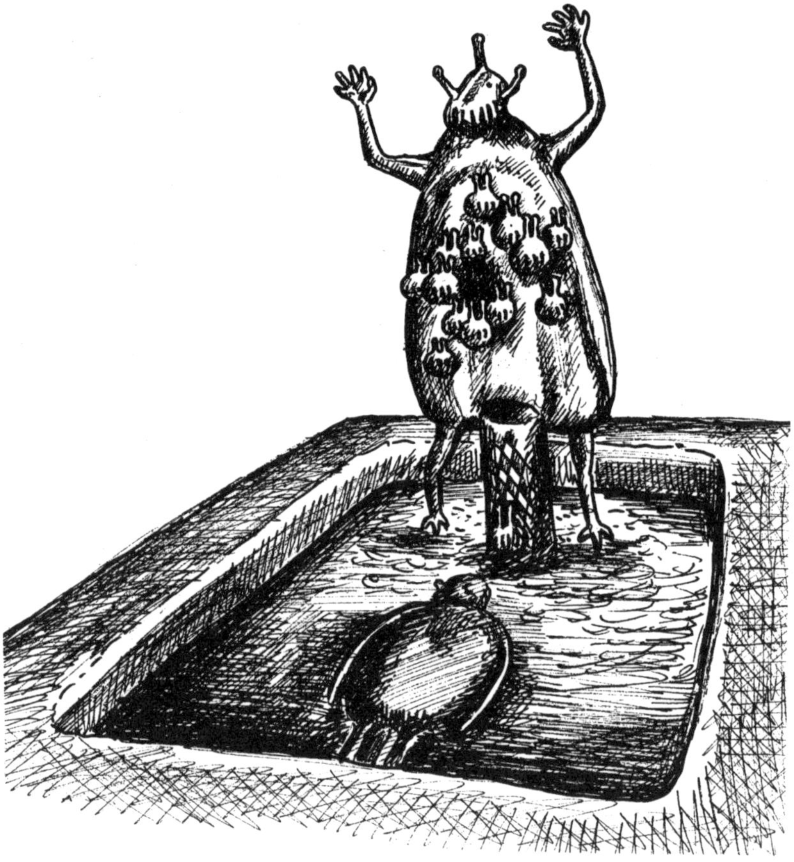

Der erste und bislang einzige Wolpertingerbrunnen Bayerns ist in der Nähe von Regensburg zu finden. Er wurde von dem Künstler Peter Mayer geschaffen, vom Wolpertinger-Stammtisch Fronberg gestiftet und ziert seit 1989 den Ortsteil Fronberg bei Schwandorf. Dem Brunnen, der aus einem Stamm besteht, entspringen 15 Köpfe, die die Mitglieder des Fronberger Wolpertinger-Stammtisches darstellen. Vor dem Hauptwolpertinger liegt im Wasser in ergebener Haltung eine Figur, die den Patenverein des Stammtisches, die Marsch-Moor-Geest-Wolpertinger (MMGW) aus Nienburg an der Weser symbolisiert. Diese Figur »saugt« alles, was aus den Mäulern der Fronberger Wolpertinger heraussprudelt, auf, denn die Nienburger, so behaupten jedenfalls die Fronberger Wolpertinger, seien »noch nicht so weise wie sie« und benötigen deshalb fortwährend ihre »geistige Befeuchtung«.

In alter Zeit waren die Vererbungsgesetze noch nicht bekannt und somit war auch eine Paarung zwischen allen Tieren vorstellbar, was in der Phantasie die groteskesten Bastarde entstehen ließ, wobei der Kamelpard, eine Kreuzung zwischen Leopard und Kamel, noch als relativ harmlos angesehen werden darf. Irrwitziger ist da schon die Löwenameise (nicht der Ameisenlöwe!), die sich aus dem großen Löwen und der kleinen Ameise zusammengesetzt haben soll. Nach altem Glauben war sie allerdings nur kurzfristig lebensfähig, da sich der fleischfressende Löwen-Vorderteil mit dem pflanzenfressenden Ameisen-Hinterteil nicht so recht vertragen wollte.

Beim Wolpertinger dokumentiert sich allerdings in geradezu phantasiesprengender Weise, daß die unvorstellbarsten Mehrfachkreuzungen problemlos möglich sein können.

Der Wolpertinger der Neuzeit

Im Jahre 1968 erschien dann auch endlich eines der ersten Bücher zum Thema Wolpertinger, verfaßt von Peter Kirein mit dem Titel »Der Wolpertinger lebt«, das sich in acht Kapiteln dieses Wesens annimmt, das »nicht einmal Eingang in Brehms Tierleben fand«. Auch Züchtungsvorschläge fehlen darin nicht. Dieses schmale Büchlein darf als eine der grundlegenden Arbeiten der Wolpertinger-Forschung angesehen werden, die weitere bedeutsame Veröffentlichungen nach sich zogen.

Das 1934 gegründete Deutsche Jagd- und Fischereimuseum in München zeigte schon bald in einer eigenen Vitrine 65 Exemplare verschiedener Wolpertinger, von denen einige Präparate noch deutlich die Herkunft vom gehörnten Hasen bzw. vom gehörnten Hahn erahnen lassen.

Im Februar 1982 eröffnete dieses Museum die erste Wolpertinger Sonderschau mit eben diesen 65 Exemplaren des *Crisensus bavaricus* aus der hauseigenen Sammlung, wobei auch eine Zucht- und Fangmaschine zu sehen war.

Da diese Ausstellung regen Publkumszuspruch erfuhr, folgte im Januar 1985 eine zweite Sonderschau, in der außer 70 »ausgestopften« Exemplaren und diversen Fanggeräten auch Krüge mit Wolpertinger-Motiven gezeigt wurden. Sogar Literatur zum Thema wurde ausgestellt, die nun verstärkt auf den Buchmarkt kam.

Eine dritte Ausstellung schloß sich dann im Juni 1988 mit etwa 100 Prachtexemplaren an, wovon 35 als Leihgaben von Privatpersonen zur Verfügung gestellt worden waren. Es fehlten auch nicht Fanggeräte, Wolpertinger-Nistplätze, Losungen, ein Gemsenei, bemalte Teller, Glaskrüge mit eingeschliffenen Wolpertingermotiven und weitere Buchveröffentlichungen.

Gehörnter Hase in Lauerstellung bei Bad Tölz. Archiv: A. und G. R. Kaut

Bei all diesen Ausstellungen lag der Schwerpunkt allerdings auf dem Jux, eine sachliche Untersuchung des Phänomens Wolpertinger unterblieb leider.

Im April 1993 wurde im Landkreis Garmisch-Partenkirchen in einem aufgelassenen Eiskeller einer alten Mittenwalder Brauerei das erste Internationale Wolpertinger-Museum eröffnet. In einer Felsengrotte, vor deren hinteren Wänden sich ein Teich befindet, werden rund 70 »Phantome in Tiergestalt mit besonders wertvollem Pelz«, also Wolpertinger-Präparate, präsentiert. Diese Einrichtung stellt eine anerkennenswerte erste Bemühung dar, das Phänomen Wolpertinger auch museal zu erfassen und einem interessierten Publikum nahe zu bringen. 1994 fand schließlich die bisher umfassendste Wolpertinger-Ausstellung im Münchner »Zentrum für außergewöhnliche Museen« (ZAM) statt.

Elwetritsche und Wolpertinger als Nachfahren des gehörnten Hahns und des gehörnten Hasen

Eines zeigte gerade diese Ausstellung deutlich, daß aus dem gehörnten Hasen und aus dem gehörnten Hahn längst wunderliche Mischwesen geworden waren, die sich aus mehreren Tieren zusammensetzten. In Bayern werden sie als Kreiß, in neuerer Zeit auch als Wolpertinger bezeichnet. Im Pfälzer Raum sind sie als vierfüßige vogelähnliche Elwetritsche bekannt.

Und nicht überall werden wolpertingerähnliche Wesen als Juxerei abgetan, wie folgender Zeitungsbericht vom 11./12. August 1990 beweist, der den immer wieder aufflackernden Glauben an derartige Wunderwesen dokumentiert, vor allem wenn die Folgen unvorhergesehener Katastrophen eine derartige Vorstellung geradezu erleichtern.

In polnischen Wäldern soll ein Fuchshase hausen

»Warschau, 10. August – Bis heute warnen Umweltschützer davor, Beeren und Pilze aus den Wäldern Südpolens zu

verzehren. Denn bis heute sind dort die Folgen des radioaktiven Regens zu spüren, der nach der Explosion im ukrainischen Atomkraftwerk Tschernobyl dort niederging: die Gegend ist noch kräftig verstrahlt.

Anfangs sorgten Berichte über Kälber mit zwei Köpfen oder Karnickel mit fünf Beinen für Aufregung im ganzen Lande, doch bald beruhigte man sich wieder. Doch nun beschäftigt die Polen die Nachricht, daß ein neuer Mutant aufgetaucht sei und in den Wäldern Südpolens sein Unwesen treibt. Von vorn sieht er ganz harmlos aus, nämlich wie ein Hase, mit langen Löffeln und Schnuppernase. Der Rest aber ist wie bei einem Fuchs: langer rotbrauner Schwanz und scharfe Krallen.

Zuerst sahen ihn zwei Bauern am Waldrand. In ihrem Dorf wollte ihnen aber keiner glauben, weil sie dafür bekannt waren, daß sie schon mal bis zum Mittag die Wodkaflasche bis auf den Grund leerten. Doch ihnen schloß sich bald eine Autorität an: der Dorflehrer. Im Rundfunk schwörte er Stein und Bein, er habe den Hasenfuchs über längere Zeit beobachtet. Das Untier sei gefährlich, weil es Fleisch fresse. Das Bekenntnis des Dorfschulmeisters löste eine Suche in der ganzen Gegend aus, die Lokalzeitungen berichteten fast täglich darüber.

Ein Experte der Polizei, im Zeugenbefragen geübt, fertigte gar ein Phantombild an, das schließlich in den Fernsehnachrichten ausgestrahlt wurde. Die Folgen blieben nicht aus: im ganzen Land wurde das Untier gesucht. Ein Jäger führte gar eine Falle vor, mit dem er es fangen wollte. Wissenschaftler, mit schwerer Hornbrille auf der Nase und im typischen weißen Kittel, äußerten sich dazu.

Allmählich aber tauchten doch Zweifel an der Existenz des Fuchshasen auf. Denn keiner der Zeugen, die in der Presse ihre Beobachtungen schildern durften, konnte von den Journalisten aus der Hauptstadt, die eine Story für das Sommerloch witterten, ausfindig gemacht werden, weder der Dorflehrer, noch der Professor mit der Hornbrille, noch der findige Fallenbauer, geschweige denn die beiden trinkfreudigen Bauern.

Und im September 91 berichtete die Presse von folgendem interessanten Zuchtversuch:

Klaus Damme, Professor an der Münchner Anstalt für Tierzucht, hat das ‚»Huwa« gezüchtet: eine Kreuzung aus Huhn und Wachtel. Huwas sollen fast so gut schmecken wie Wachteln, werden aber viel größer und somit billiger. Noch allerdings gelingt die Befruchtung nur bei einem von 20 Eiern – und nur die Männchen überleben.

Derartige Erfolge lassen auch Wolpertingerzuchtbemühungen durchaus nicht als abwegig erscheinen.

III.
Die vier Gehörnten

Wie kommen Tiere, die üblicherweise keine Hornträger sind, auf alten Abbildungen zu ihrem befremdlich wirkenden Kopfschmuck? Hase, Hahn, Schwein und Schlange sind in alten Tierbüchern häufig gehörnt dargestellt. Ist dies lediglich auf eine phantasieüberschäumende Laune der Kupferstecher und Holzschneider zurückzuführen, die ihrem Einfallsreichtum freien Lauf ließen, oder existieren zeitgenössische Vorstellungen, die diese Darstellung durchaus als berechtigt erscheinen lassen?

Im folgenden Kapitel soll diesbezüglich der geheimnisvollen Spur der vier Gehörnten einmal gründlich nachgegangen werden.

1. Der gehörnte Hase

Ein Kupferstich um 1812 aus der Serie »Animalium quadrupedum« von Adriaen Collaert zeigt verschiedene Tiere: einen Marder (?), einen Maulwurf, einen Hasen mit Rehbockgeweih und einen sitzenden Fuchs. Interessant ist, daß dem gehörnten Hasen Tiere beigestellt sind, die alle auch im Wolpertinger zu finden sind.

Collaert kannte zweifellos jenen Holzschnitt von Konrad Gesner, der den Kopf und den Schädel eines gehörnten Hasen zeigt. Diese Abbildung findet sich in der Ausgabe von 1606, Seite 72, mit folgender Bildunterschrift: »Von den gehörnten Hasen. Lepus cornutus. Diese wunder Seltsame gehörnte Hasen sein im Land zu Saxen gejagt und gefangen worden/seid biszher von den Fürsten ausz Saxen als abenthewer behalten worden. Etlicher Hörner sein grösser dann der anderen/hie haben wir der grossen und kleinen hörner gestalt vor augen gestellt.«

Auch in Gesners Ausgabe von 1620 und später in der von 1669 erscheint der gehörnte Hase erneut, diesmal aber in ganzer Gestalt mit folgender Be-

Oben: Das Perückengehörn des Rehbocks bietet einen »zauberhaften« Anblick. – Rechts: Ein Perückenbock (Darstellung Ende des 17. Jahrhunderts) mit menschenähnlichem Augenaufschlag.

schreibung: »Bochardus gedencket einer Art Hasen/welche ein Horn auff dem Kopff tragen/und ein wunderbar Thier seyen/vor welchem alle Thier/dies ansichtig werden/fliehen/werde in de Meer-Inseln gefunden/wiewol solches viel in Zweiffel ziehen. Von diesen gehörnten Hasen/derer hie gedacht wird/meldet unter andern Gaffendus, dasz er dergleichen so ausz Norwegen gebracht/gesehen habe/ wie dan gleichfals von einer glaubwürdigen Person D. Joh. Daniel Horstio ein solch Gehörn zugeschickt worden/so 1654 in die Churfürstl. Kunstkammer zu Dresden verehret worden.«

In diesem Text werden vom Verfasser erste Zweifel an der Existenz eines derartigen Tieres angemeldet.

In Johannes Johnstons naturgeschichtlichem Werk von 1650, 1657 und 1660 findet sich ein Stich des gehörnten Hasen. Zwar beschreibt Johnston dieses Tier nicht, führt allerdings seinen lateinischen Namen *Lepus cornutus*, »gehörnter Hase« an (s. Abb. auf S. 40 oben).

Hasenohren erinnern an Hörner und wurden in alter Zeit, als die Tiere oft nur aus der Entfernung zu sehen waren, leicht damit verwechselt. Bisweilen war nur ein Ohr senkrecht aufgestellt, während das andere nach rückwärts geneigt war. Dieses hielt man oft für

Der Tierforscher Professor Grzimek meinte einmal: »Es ist nicht zu leugnen, daß die Existenz von gehörnten Hasen als wahrscheinlich vermutet werden darf, wenn es sie gibt, was bei der Unerforschtheit unserer Tierwelt nicht ausgeschlossen ist.«
Archiv: A. und G. R. Kaut

das Ohrenpaar, während man im nach oben ragenden ein Horn oder ein Hörnerpaar zu sehen glaubte.

Bei Rehböcken und Damwild zeigen sich die Launen der Natur mitunter in Form von verschiedenen Mißbildungen. Beim Perückengehörn des Rehbocks kommt es zu korallenstockartigen Gehörnwucherungen. Sie sind häufig durch eine Verletzung der Brunftkugeln, der Hoden, hervorgerufen. Oft sind dabei die Stangen mit langen, spitzen Nadeln besetzt und bieten einen unwirklichen Anblick.

Das Perückengehörn ist beim Hasen normalerweise nicht anzutreffen, dennoch überträgt man in der Phantasie auf ihn sinnwidrig dieses Phänomen, zumal Perückenhörner besser als normales Gehörn zu einem Wunderwesen passen.

In der Natur sind, wie man weiß, Mißbildungen aller Art möglich und vorstellbar. Leicht konnte sich so die Annahme entwickeln, daß es bei Hasen zwischen den Ohren zu krankhaften Hautgeschwülsten und höckerartigen Fellerhöhungen an der Stirn kommen könne. Aus der Ferne sind diese krankhaften Veränderungen leicht mit einem Hornansatz zu verwechseln. Mit zunehmender Distanz von derartigen Erlebnissen pflegen in der Phantasie diese Erhebungen sich nicht selten zu kräftigen Hörnern auszuwachsen, was in entsprechenden Schilderungen seinen drastischen Niederschlag findet.

2. Der gehörnte Hahn

Während im ober- und niederbayerischen Raum der Wolpertinger zweifellos vom gehörnten Hasen abstammt, leiten die Elwetritsche im Pfälzer Raum ihre

Herkunft mit Bestimmtheit vom gehörnten Hahn her, dessen Geschichte ebenso interessant ist wie die des gehörnten Hasen.

Besonders eindrucksvoll zeigt Adriaen Collaert auf einem Kupferstich den *Gallus cornutus*, welcher der Abbildung auf einem Holzschnitt aus dem Jahre 1850 nachempfunden ist. Darauf steht der gehörnte Hahn vor einem sitzenden Truthahn. Johannes Johnston übernahm die Abbildung später in sein Werk.

Das Schlüsselwort für dieses Wesen dürfte »Hahnrei«, ostfriesisch »Hahnrune« sein, das wiederum eng mit dem Begriff »Kapaun« in Zusammenhang steht.

Unter einem Kapaun begreift man seit alters her einen jungen, kastrierten Hahn, der zum Mästen bestimmt war. Während »ein guter Hahn niemals fett wird«, wie ein Sprichwort lautet, wird das ein kastrierter recht leicht, was auch im Sinne des Mästers ist. Das Wort Kapaun entstammt dem lateinischen »capo«, das soviel wie kastrierter Hahn bedeutet.

Aus Deutschland ist folgender aufschlußreicher Spruch bekannt:

Froh Hingst, froh Ruun,
froh Hahn, froh Kapuun.
(Erst Hengst, dann Wallach,
erst Hahn, dann Kapaun.)

Im Brockhaus von 1896 und 1908 wird vermerkt, daß es ein alter Brauch war, jungen Hähnen, die gemästet werden sollten, die Sporen abzuschneiden und sie in den Kamm einzupflanzen, der zu diesem Zweck eingekerbt wurde. Die Sporen wuchsen schließlich im Kamm dermaßen fest, daß der Eindruck von originalen Hörnern entstand. Dieser heute barbarisch anmutende Brauch diente dem einen Zweck, die Mast- von

Prachtexemplar eines Hahnhornhasen am frühen Morgen auf dem Misthaufen eines Einödhofes.
Archiv: J. Spanner

Oben: Adriaen Collaerts gehörnter Hase aus der Bildfolge »Animalium quadrupedum« (um 1612). – Unten: Adriaen Collaerts gehörnter Hahn aus der Bildfolge »Avium vivae icones« (um 1580).

Links:Der gehörnte Hahn (gallus cornutus), aus Matthäus Merians. »Naturgeschichte der Tiere« (um 1650).

Rechts: Das gehörnte Schwein (sus cornut) aus Matthäus Merians »Naturgeschichte der Tiere« (um 1650).

den Zuchthähnen leicht unterscheiden zu können. Auf diese Weise entstand der real existierende gehörnte Hahn.

Collaert sah zweifellos einen derartigen gehörnten Hahn in natura oder er kannte zumindest diesen Brauch. Auf seinem Stich trägt der Hahn allerdings noch die Sporen an den Füßen.

Es läßt sich leicht nachvollziehen, daß der Kapaun schon bald auch die Bedeutung eines impotenten, zeugungsunfähigen und in der Folge meist auch betrogenen Ehemannes bekam, von dem es im Volksmund heißt, »seine Frau habe ihm Hörner aufgesetzt«.

Statt Kapaun setzte sich bald auch schon das Wort »Hahnrei« durch. Dieser Name entstand erstmals im 16. Jahrhundert und bedeutete damals »Hahnreiter«. Ein auf einem Hahn reitender Mann wurde danach beliebtes Motiv in der Volkskunst. Man findet diese Abbildungen auf Holzschnitten, Spielkarten, Gebäckmodeln, Spanschachteln, Gläsern, Kuchenbrettern und alten Stichen. So enthält auch der »Kalender der Gehörnten« aus dem 17. Jahrhundert das Bild eines Mannes, der ein Geweih auf seinem Hut trägt und auf einem Hahn reitet. Die Hörner des gehörnten, kastrierten Hahns sind damit gleichsam auf den Mann übergegangen.

Elemente des gehörnten Hahns enthalten aber nicht nur die Pfälzer Elwetritsche, auch in etlichen Wolpertingern sind sie zu entdecken.

Der Hahn als solcher nahm aber bereits in der Antike eine herausragende positive Stellung im Volksglauben ein. Als Künder des Lichtes brach er die

Eberähnlicher Wolpertinger in Drohhaltung.
Archiv: A. und G. R. Kaut

Hexenmacht. Sein Krähen verkündete auch allerlei Vorzeichen und das Wetter. Im Hochzeitskuchen steckte man gerne eine Hahnenfeder auf, um damit den Wunsch nach Fruchtbarkeit auszudrücken. Die Hahnenfeder gehörte jedoch auch zum Hut des Teufels, was den Hahn zu einem dämonischen Wesen stempelte.

Im gehörnten Hahn sind demzufolge zwar Fruchtbarkeit, aber auch Dämonie und Zauberkraft enthalten und bieten dem Besitzer Schutz davor.

3. Das gehörnte Schwein

In seiner »Naturgeschichte der Tiere« von 1650 zeigt Matthäus Merian auch das *sus cornut*, das gehörnte Schwein, das neben dem gehörnten Hasen und dem gehörnten Hahn als drittes ungewöhnliches Horntier auffällt. Merian kannte sicher das einfache Hausschwein und wußte, daß dies keine Hörner besaß. Warum bildete er dennoch ein gehörntes Schwein ab?

Vermutlich erinnerte er sich an den Vorfahren des Hausschweins, an das Wildschwein, das gerne im sumpfigen Boden wühlt, wo es seine Nahrung sucht, die aus Pilzen (Trüffeln), Engerlingen, Würmern, Ratten, Mäusen, Aas,

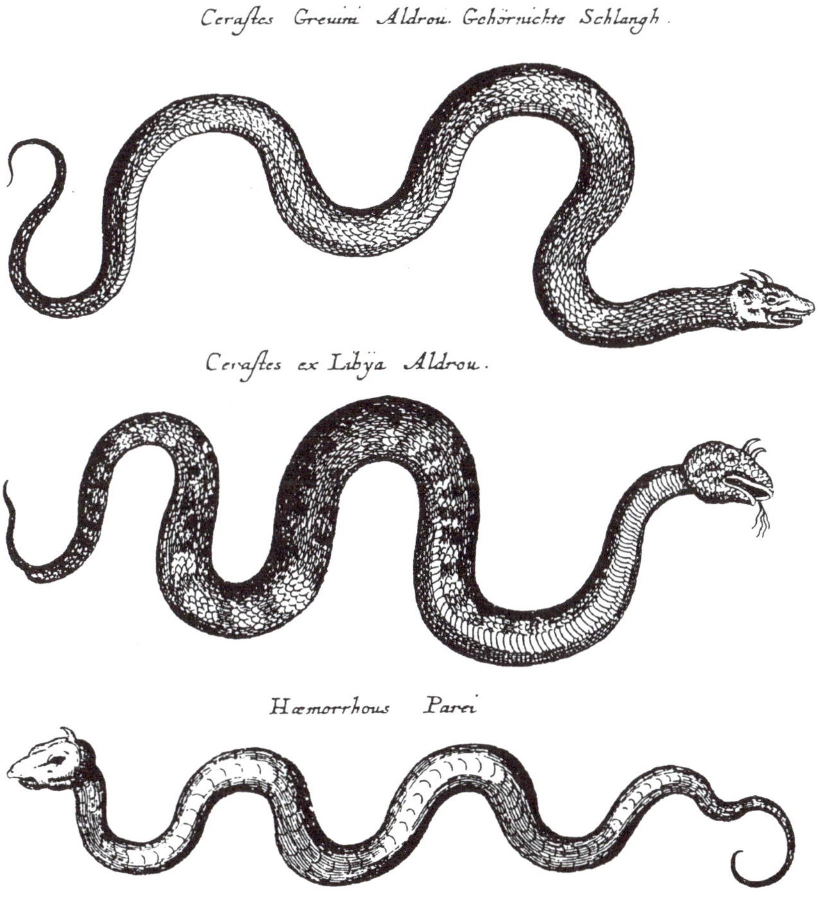

Drei gehörnte Schlangen aus Matthäus Merians »Naturgeschichte der Tiere« (um 1650).

Eicheln, Nüssen, Bucheckern, kurz aus allem, was es findet und was genießbar ist, besteht. Der Rüssel ist sein Grabwerkzeug. Beim Abreißen von Wurzeln und beim Aufbrechen des Bodens leisten auch die als Hauer hervorstehenden Eckzähne gute Dienste.

Mit eben diesen wuchtigen Eckzähnen kann sich der Eber aber auch hervorragend verteidigen und möglichen Angreifern böse Wunden beibringen, die ebenso gefährlich sein können, als wären sie durch ein Gehörn verursacht worden.

Die Hauer als hornähnliche Waffe ließen Merian und sicher bereits dessen Vorgänger vermutlich an ein Schwein denken, das Hörner besitzen könnte, um für die genannten Zwecke doppelt gut ausgerüstet zu sein. Denn auch als zusätzliche Grabwerkzeuge wären sie gut einsetzbar. Einmal im Bild dargestellt, entwickelte nun das *sus cornut* neben den gehörnten Hasen und Hähnen ein Eigenleben. Interessant ist, daß auch beim heutigen Wolpertinger immer wieder die Hauer des Ebers eine wesentliche Rolle spielen.

4. Die gehörnte Schlange

In Matthäus Merians »Naturgeschichte der Tiere« findet sich schließlich auch die gehörnte Schlange. Zwar hat dieses Geschöpf eigentlich nicht unmittelbar etwas mit den Wolpertingern zu tun. Dennoch gibt ihr Wesen Aufschluß, welche Kräfte in gehörnten Tieren enthalten sind, also auch im gehörnten Hasen und im gehörnten Hahn.

Aus Sagen und Märchen des süddeutschen Raumes sind Schlangen bekannt, die eine kleine Krone tragen. Diese Krönchennattern gelten als schutzbringende Hausgeister, die man mit Milch füttern soll, keinesfalls aber töten darf. Gekrönte Schlangen sind nämlich auch Schatzhüterinnen, die gütige und hilfsbereite Menschen reichlich beschenken. Derartige Schlangenköniginnen besitzen Zauber- und Heilkräfte und ein geheimnisvolles Wissen.

Als Sexualsymbol steht das Reptil auf der Seite des Lebens und versinnbildlicht Fruchtbarkeit und Zeugungskraft. Es erinnert aber auch an den Tod. Leben und Tod, Licht und Finsternis sind gleichermaßen in seinem Wesen enthalten.

Das Abstreifen der Haut macht Schlangen außerdem zum Symbol der Verjüngung und des ewigen Lebens. Daher ist die Schlange auch Wahrzeichen der Ärzte. Es ist naheliegend, daß die Hornspitzen der gehörnten Schlangen nichts anders als die Zacken ihrer Krönchen andeuten.

Vergleicht man den gehörnten Hasen respektive den gehörnten Hahn mit der horntragenden Schlange, sind zweifellos ähnliche Attribute in ihnen enthalten. Auch Wolpertinger und Elwetritsche sind lebend unheimlich und gefährlich, in Schreckstarre aber schutzbringende Hausgeister, versehen mit diversen Wunderkräften, die auch die Fruchtbarkeit begünstigen.

IV.
Etymologische Klärungsversuche

Immer wieder werden Fragen nach der Bedeutung und der Herkunft der Wörter »Wolpertinger«, »Elwetritsche« und »Kreiß« laut. Herkömmliche Herkunftswörterbücher geben über diese ungewöhnlichen und selten gebrauchten Begriffe bedauerlicherweise keine Auskunft, so daß ihre Bedeutung erst auf allerlei Umwegen und nach mühevollen Untersuchungen erforscht werden konnte.

Die Ergebnisse verblüffen durch ihre einleuchtende Argumentation. Auch sie dokumentieren die lange Tradition, in der der gehörnte Hase steht, auf überzeugende Weise.

1. Die Namen »Wolpertinger« und »Elwetritsche«

Über die Herkunft der Namen Wolpertinger, Kreißl und Elwetritsche besteht keine Übereinkunft. Mehrere Bedeutungen stehen gleichrangig nebeneinander.

In den Augen unserer Vorfahren existierten in der Natur viele Geistwesen, die man Elben – nicht Elfen – nannte. »Aus Elben Elfen machen, heißt unserer Sprache Gewalt antun«, schreibt bereits Jacob Grimm in seiner »Deutschen Mythologie« (1835). In alter Zeit waren Berg und Wald, Bäume und Gewässer von den Elbenwesen beseelt. Sie waren nicht gut und nicht böse. Und es kam darauf an, welche Beziehung man zu ihnen hatte. Aus Elbe wurde später das Wort »Alb« und »Alp«.

Während Elfen oft als putzige Mondscheinheinzelchen herumgeistern, stellen Elben oder Alben mächtige, unterirdische, geisterhafte Wesen mit großen Kräften dar, die meist unsichtbar erscheinen. Eine Begegnung mit einem Elben ist bedrückend, nicht selten erschreckend. Nachts, wenn sie erwachen, ist ihre Macht am größten. Mit ihren dämonenhaften Zügen verwirren sie die Sinne. Ihre Beschreibung ist oft ungenau, weil sie nicht nur unsichtbar sein können, sondern sich in verschiedene

Die Elwetritsche, deren Name sich angeblich auch vom Wort »Elfenpritsche« (= Elfensteiß) ableitet, ist mit den »Otoditen« und den »Tappen« verwandt. Sie haust in der Pfalz, besonders zwischen Lauter und Queich, und wird, wie ihr Verwandter, der Wolpertinger, der im Lande der »Zwockel« (= der Bayern) haust, mit Sack und »Lozern« (= Laterne) gefangen.
Zeichnung: Terry Allnutt, England

Gestalten zu verwandeln vermögen. So treten sie als Rauch, als Kröte, Schlange oder auch als Mischwesen aus verschiedenen Tieren auf. Alben kann man nur fangen, wenn man ihnen alle Fluchtwege abschneidet, denn sie müssen aus derselben Öffnung wieder heraus, durch die sie eingedrungen sind.

Als man den gehörnten Hasen, den es eigentlich nicht geben konnte, erstmals sah, glaubte man wohl, einen Alben vor sich zu haben, der gerade in dieser Gestalt auftrat. Daher kam der Name »ein Ding wie ein Alben«, also ein »wie-ein-Alben-Ding«, ein »Walbending«, in Gebrauch. Daraus wurde dann später in der Mehrzahl »Walpendinger« und schließlich »Wolper*d*inger« oder »Wolper*t*inger«. Auch die Bezeichnung »Wilpertinger« und »Wimmerding« in Niederbayern sind bekannt.

In Thüringen wird in der Walpurgisnacht am 30. April gerne das Walperspiel gespielt. Die Buben verkleiden sich dabei als Walpermännchen, die kleinen Mädchen als Hexen. Dann werden sie von den Walpermännchen durchs Dorf gejagt und damit die bösen Mächte aus der Gemeinschaft vertrieben.

Das »Walperla« gehört übrigens zu den bekanntesten Hexentanzplätzen im deutschsprachigen Raum. Die Vermu-

Drei Mitglieder des Elwetritsche-Vereins, Landau/Pfalz auf erfolgversprechender Pirsch.
Archiv: Dr. Hans Blinn

tung liegt nahe, daß in der Walpernacht, also der Walpurgisnacht, in der sich Wesen zeigen, die sonst nicht zu sehen sind, auch der Wolpertinger am Treiben der wilden Dämonen teilnimmt.

Auch im rheinland-pfälzischen Wort »Elwedritsch« oder »Elbedritsch« sind die Begriffe »Elben, Alben, Elfen«, noch unschwer zu erkennen. Die Elbetritschen heißen auch Elbertrötsche und Tripletritsche. Sie sind das in der Pfalz, im Rheinländischen und im angrenzenden südwestlichen Sprachraum beheimatete Gegenstück zum bayerischen Wolpertinger. Während dieser als Grundform den gehörnten Hasen aufweist, ist dies bei den Elbetritschen ein vierfüßiger Vogel, der an den gehörnten Hahn erinnert, den »Bruder« des gehörnten Hasen. Die Fangmethode im Sack ähnelt der des Wolpertingers aufs Haar.

In anderen Gegenden gibt es vergleichbare Wesen wie die »Rasselböcke«, »Hammelmäuse«, »Bachkatzen« oder die »Tappen« im Sudetenland und die »Dilldappen« im Siegerland, hinter denen

Oben: Elben oder Alben sind nächtliche Wesen, die Angst und Schrecken verbreiten können.
Unten: Die wohl älteste Darstellung einer Elwetritsche aus Matthäus Merians »Tierbuch« (um 1650).

Ein Morbacher Dilldapp (oben) und ein Siegerländer Dilldapp (unten) sind Verwandte des bayerischen Wolpertingers.

ältere, oft nicht mehr bekannte dämonische Wesen stehen.

»Elwetritsche« ist die Dialektform des Wortes »Elfentrittchen«. Unbekannte Spuren, beispielsweise im Schnee, wurden früher kurzerhand den in Winternächten umhergeisternden Alben zugeschrieben. Ihre »Trittchen« wiesen unzweifelbar auch auf ihre Existenz hin. Da die Spuren vielfach Vogeltritten ähnelten, nahm man an, daß auch in der Gestalt der »Elwetrische« Merkmale von Vögeln enthalten sein mußten.

Nach einer anderen Interpretation von Jacob Grimm setzt sich das Wort »Elbetritsche« aus den Teilen »Elbe« und »trutsch« zusammen. Elben sind als Alben nächtliche drückende Dämonen. Der Wortteil »trutsch« bedeutet »treten« oder auch »triezen« (quälen, necken). Auch der Nachtmahr, die Drud, ist ein derartiger »Druckgeist«, der sich nachts auf die Brust von Schläfern hockt und beklemmende Atemnot verursacht. Elbetritsche sind somit dämonische Wesen, die nachts Alpträume verursachen, indem sie jemanden bedrücken, quälen und boshaft necken.

Ganz anderer Ansicht über den Ursprung des Namens »Wolpertinger« ist der Glasexperte Dr. Friedrich Holl aus Zwiesel. Er nimmt an, daß sich der Name von den am Rande des Schwarzwaldes gelegenen Glashütten, vornehmlich der in Wolterdingen bei Donaueschingen gelegenen, ableiten läßt. Allerdings liegt dieses Wolterdingen nicht in Bayern, sondern im Württembergischen.

In dieser Glasfabrik werden seit Jahrzehnten neben seriösen Glaswaren

Aus dem gehörnten Hahn entwickelten sich – wie diese Darstellungen zeigen – die vierfüßigen Elwetrische.

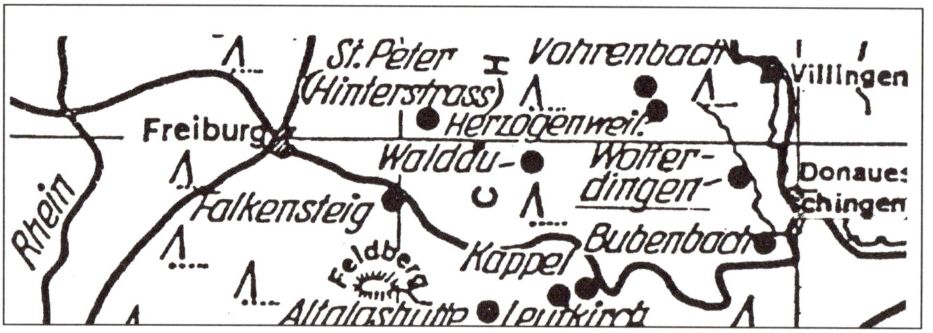

Oben: In Wolterdingen bei Donaueschingen soll angeblich die Heimat des Wolpertinger sein.

Unten: »Schnapsbudele« (Schnapsfläschchen) aus den Glashütten von Wolterdingen.

auch witzige Gläser in Tierform, sogenannte »Schnapshunde« hergestellt. Dabei handelt es sich um phantasiereich gestaltete verschnörkelte kleine Katzen und Hunde, Schweinchen, Schafe oder ähnliche Tiere, die zweifellos entfernt durchaus Wolpertingern ähneln.

Nach den Angaben von Sprachforschern verlieren Wörter mit zwei gleichen Lauten (t, d) einen von ihnen, wobei sich das erste t zu einem Lippenlaut, zu p wandelt. Im Bayerischen wird zudem das weiche d hart gesprochen, was also aus Wolterdingen rasch Wopertingen werden läßt und damit »Schnapshunde« aus Wolterdingen in Wolpertinger verwandelt.

2. Der Name »Kreiß«

Lange Zeit vor diesem Namen war aber vom Böhmerwald bis in den Alpenraum hinein für dieses Wunderwesen der Name »Kreiß« geläufig. Diese bayerische Bezeichnung erinnert an das altbayerische »Gritscherl«. Nach Schmeller heißt

das »Kritscherl« auch »Erdzeißerl«. Das Gridscha'l ist aber die Schermaus.

Das Erdzeißerl ist in der Tierkunde besser als Ziesel bekannt, der wiederum eng mit dem Murmeltier, dem bayerischen »Mankei« in Verbindung steht.

Ziesel, Schermaus und Murmeltier haben alle ihren Bau unterirdisch angelegt. Der Ziesel und die Schermaus sind

Elfen oder Alben dürfen als Urväter der Wolpertinger und Elwetritsche angesehen werden.
Archiv: A. und G. R. Kaut

etwa gleich groß, und 20 Zentimeter lang. Der Ziesel ist ein Bodennagetier, die Schermaus eine Wühlmaus. Wäh-

Wühlmaus, Murmeltier und Dachs – die Namenspatrone des Wolpertingers.

rend der Ziesel in Hügellandschaften und Feldfluren lebt, haust die Schermaus vornehmlich am Wasser. Beides sind scheue Tiere und durch ihr »huschendes Wesen« bestens geeignet, die Phantasie der Menschen anzuregen, die sie nach flüchtiger Beobachtung mit allerlei verschiedenen Attributen ausstaffieren. Zu dieser Gruppe gehört auch das Alpenmurmeltier, eine Art großer Ziesel.

Die Scher- oder Mollmaus gehört zu den Wühlmäusen und schwimmt und taucht sehr gut. Ihre Stimme gleicht einem scharfen Quieken, ihr Drohen einem Zähnefletschen.

Der Name des Murmeltiers kommt aus dem lateinischen »mure(m) monti(s)«, was übersetzt die »Bergmaus« heißt. Im 17. Jahrhundert hielt man das Murmeltier noch für eine Kreuzung aus Dachs und Eichhörnchen. Wegen seines heilsamen Fettes, dem »Murmendelschmalz« wurde es lange Zeit in den Alpen ausgegraben und gefangen.

Der Dachs wiederum war für die Menschen schon immer ein merkwürdiges Wesen. Seinem Fell, dem Fett und den Pfoten wurden heilende und zauberkräftige Wirkung zugesprochen. Er galt als sehr scheues Tier, das nur nachts seinen Bau verläßt. Es gibt Berichte, daß Dachse ihre toten Artgenossen beerdigen, indem sie ein Grab ausheben und die Leichname darin eingraben. Andere behaupten, Dachse würden im Bau sterben und danach von ihren Artgenossen unterirdisch eingemauert werden.

Dachse sind die größten heimischen Marder. Sie leben paarweise und stehen mit benachbarten Dachsfamilien in

Verbindung; sie besuchen sich sogar gegenseitig. Ein günstig gelegener und wenig gestörter Dachsbau wird generationenlang, manchmal über Jahrhunderte hinweg bewohnt. Dabei wird er nach und nach mehrgeschossig, mit Luftschächten und Notausgängen versehen. In einem solchen Bau, vor allem, wenn er in felsigem Gelände liegt, ist der Dachs unangreifbar und kann auch durch flinke Erdhunde wie Dackel oder Terrier nicht daraus vertrieben werden. Der Dachs verbarrikadiert sich so darin, daß niemand an ihn herankommt.

Die große Menschenscheu des Dachses, seine Baumeisterschaft, die Legenden, die sich um ihn ranken, rücken ihn begreiflicherweise in die Nähe des ebenso geheimnisumwobenen Wolpertingers.

Auch das einzelgängerisch veranlagte Eichhörnchen war früher ein bestauntes Tier. Wegen seiner roten Farbe stand es angeblich unter dem Schutz des Donnergottes Donar. Da es ein guter Läufer und Springer ist, schützt der Genuß seines Fleisches und seines Hirns angeblich Seiltänzer, Dachdecker und Gamsjäger vor dem Abstürzen. Sein Schwanz war in den Alpen lange Zeit ein begehrter Hutschmuck der Buben. Lief ein Eichhörnchen über das Dach eines Hauses, so glaubte man, daß dort bald Feuer ausbrechen würde.

Mit der »Schermaus oder Scherrmus« meinte man früher übrigens auch den Maulwurf, der außerdem »Molpert« genannt wurde. Unwillkürlich läßt die-

Eichhörnchen, Maulwurf und Maus – ebenfalls Namenspatrone und Verwandte des Wolpertingers.

Die in Wolpertingern enthaltenen Tiere sind meist gut zu erkennen, so der Dachs (oben) und das Eichkatzl (unten)
Archiv: A. und G. R. Kaut

ser Name an einen »Molpertinger« denken. Maulwürfe gingen bereits vor 60 Millionen Jahren in den Untergrund. Schon früh wurden sie als Schädlinge mit zauberischen Gegenmitteln bekämpft. Die Pfoten und Zähne fanden in der Volksmedizin ausgiebig Verwendung. Man glaubte auch, daß eine Hand, in der ein Maulwurf langsam gestorben war, heilkräftig würde. Angeblich stand dieses Tier auch mit unterirdischen Schätzen und deren Bewachern, den Alben, in Verbindung.

Um die Maus ranken sich ebenso viele Legenden. So sollen Hexen und Teufel vielfach in Mausgestalt erscheinen. Die Seele verläßt nach altem Glauben den lebenden Körper als Maus. In der Volksmedizin wird ihr Kot gegen Kahlköpfigkeit verwendet.

Mit einigen Abwandlungen enthält der »Kreißl-Mythos«, wie sich unschwer erkennen läßt, viele Elemente des Aberglaubens, der das Murmeltier, den Dachs, das Eichhörnchen, den Maulwurf und die Maus betrifft.

Aus dem bei Schmeller genannten »Gridscha'l« wurde im Laufe der Zeit »Gräidschal – Kraitschl, Kreißl, Kroißl, Kreiß« und latinisiert eben *crisensus bavaricus*. Damit war jenes Wunderwesen gemeint, das später dann Wolpertinger hieß.

Im Alpenraum, so in der Schweiz (z.B. im Kanton Uri), ist interessanterweise auch der »Greiss« bekannt. Dabei handelt es sich um einen unheimlichen Krankheitsdämon, der auf den Almen Rinderherden, in Ställen aber auch Pferde heimsucht. Tierärzte nennen diese meist tödlich verlaufende Tierseuche Rauschbrand. Dabei tritt angeblich der Greiss als ein viehmordendes Ungeheuer in Gestalt eines Eichhörnchens oder einer schwarzen Katze auf. Die Almhirten wissen, daß sich dieser Unhold nur durch ein Blutopfer besänftigen läßt, indem man beispielsweise jedem Rind etwas Blut abzapft oder ein Stück Vieh schlachtet und verbrennt. Vernichtet werden kann der Greiss, wenn eine Jungfrau ein weißes Stierkalb zum Angriff gegen ihn führt, wobei Greiss wie Kalb beim Kampf zugrundegehen, die Jungfrau aber überlebt.

Bisweilen wird »Kreiß« aber auch »Kreis« geschrieben. Kreis bedeutet in alter Zeit oftmals »fester Bezirk, Zauberkreis, Kampfplatz«, der eine »eingekritzelte Linie« war. Dieses Wort wurde auch im magisch-religiösen Bereich verwendet. »Kreiser« nannte man früher einen Feld- und Waldhüter oder einen, der bei frischgefallenem Schnee Wild ausmacht. »Kreißl« erinnert schließlich an »kreischen und kreißen«. Beides sind schallnachahmende Wörter und meinen »gellend schreien, stöhnen«. Damit sind diese beiden Bezeichnungen als magisch-lautmalerisch anzusehen und wurden gleichbedeutend mit »Wolpertinger« oder »gehörnter Hase« im Sprachgebrauch verwendet.

Interessant ist in diesem Zusammenhang ein Beitrag aus der »Deutschen Sagensammlung« der Brüder Grimm, die zwischen 1816 und 1818 erschien, in dem wohl ein derartiger Kreißl vorgestellt wird:

Der Krischer

Johann Peter Kriechbaum, Schultheiß der Oberkainsbacher Zent, erzählte den 12. März 1753: Im Bezirk, genannt die Spreng, halte sich ein Geist auf, so allerhand Gekreisch als wie ein Reh, Schwein und anderer Tiere, auch gleich allerhand Vögel führe, dahero es von den Leuten der Krischer geheißen werde. Es habe schon viele irregeleitet, und getraue niemand, sich in dasigen Wiesen aufzuhalten. Ihm sei es neulich selbst begegnet, als er nachts auf seine Wiese in der Spreng gegangen und das Wasser zum Wässern aufgewendet, da habe ein Schwein in dem Wäldchen auf der Langenbrombacher Seite geschrien, als ob ihm das Messer im Hals stäke. Das Gespenst gehe bis in den Holler Wald, wo man vor sechzehn Jahren Kohlen brennen lassen, über welches die Kohlenbrenner damals sehr geklagt und daß sie vielfältig von ihm geängstigt würden, indem es ihnen in Gestalt eines Esels erschienen.

Ein Gleiches habe der verstorbene Johann Peter Weber versichert, der in der Nacht Kohlen allda geladen, um sie auf den Michelstädter Hammer zu führen. Heinrich Germann, der alte Zentschultheiß, versicherte, als er einstmalen die Ochsen in seiner Sprengswiese gehütet, wäre ein Fuchs auf ihn zugelaufen gekommen, nach dem er mit der Peitsche geschlagen, worauf er augenblicks verschwunden.

V.
Der Wolpertinger im Volksglauben

Mit dem Wolpertinger und dem Kreiß sind einige wichtige Begriffe verbunden, die immer wieder zu hören sind. Es sind dies: Hase und Horn, Bock, Gemse und Marder, Keiler und Biber, Fuchs und Wildkatze, Eichelhäher und Eule, Ente und Hecht, Huhn und Ei, Zähne und Krallen, Flügel und Schwanz, Haar und Speichel, Fett und Kraft, Jagd und Jäger, Gewitter mit Blitz und Donner, Nacht und Mond, und nicht zu vergessen, Sack und Kerze.

Diese Begriffe sollen nun im folgenden bezüglich ihrer allgemeinen Bedeutung im Volksglauben etwas eingehender untersucht werden, aber auch auf ihren Zusammenhang mit dem Brauchtum um den Wolpertinger.

Der Hase als Gottes- und Allmachtssymbol

Hasen sind eine seit mindestens 60 Millionen Jahren selbständige Säugetierordnung. Seit Anbeginn lebt der Hase vornehmlich als ein in der Dämmerung und Nacht tätiger Einzelgänger in einem bestimmten Revier, dem er nach Möglichkeit sein Leben lang treu bleibt. Wegen seiner Farbe ist er ein Meister der Tarnung.

Bereits im alten Ägypten war der Hase Attribut der Gaugöttin Unut. Bei den Hethitern galt er als Schutzgott für Könige und Reich. Bei den Griechen hatte er die Ehre, als Opfertier der Liebesgöttin Aphrodite dargebracht zu werden.

Auch später, im Mittelalter, war der Hase ein Gottessymbol. Drei Hasen in einem Kreis galten als Zeichen der göttlichen Dreieinigkeit. Gott sieht alles, hört und überwacht alles zu jeder Zeit. Im Paderborner Dom ist dieses Symbol an einem Fenster zu sehen.

Die christliche Legende benützt den Hasen als Bild für einen reuigen Sünder. Als Klippdachs, der als Symbol der

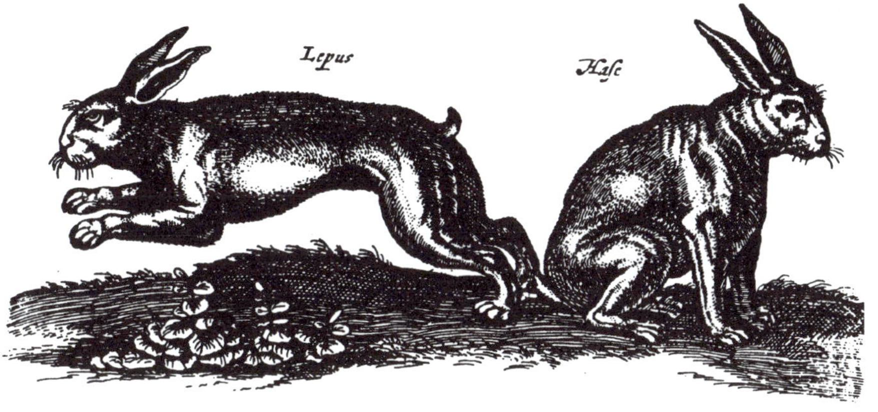

Heiden und Sünder galt, suchte er Zuflucht beim geistlichen Felsen der Kirche. In Jagdszenen des Mittelalters verkörperte der Jäger den Teufel, der die menschlichen Seelen in Gestalt von Hasen zu verfolgen pflegte.

So erregte der Hase als göttliches Tier, das seine Allmacht versinnbildlichte, seit alters her die Bewunderung und Hochachtung der Menschen. Man

Der Hase, insbesondere der gehörnte (lepus cornutus), vereinigt in sich zahlreiche Symbole, die ihn als rätselhaftes Wesen ausweisen.

begegnete ihm mit Ehrfurcht und Scheu und erwünschte sich von ihm göttliche Segenskraft. Diese Einstellung läßt sich auch heute noch bei Besitzern von gehörnten Hasen beobachten.

Der Hase als Fruchtbarkeits-, Sexual- und Liebessymbol

Beobachtet man in freier Natur eine Hasenhochzeit, entdeckt man viele Entsprechungen zum menschlichen Bereich. Die Werbung des Hasen heißt drastisch »Treiben«. Vor der Paarung kommt es zum »Liebeskampf«. Es gilt, Nebenbuhler abzuwehren und das sich wehrende Weibchen gefügig zu machen. Dieses fügt oft dem Männchen beim »Brustkampf« lebensgefährliche Verletzungen zu. Die Begattung selbst bezeichnet man als »Rammeln«, dabei ist das Männchen der »Rammler« und die Häsin der »Satzhase«, weil sie Junghasen setzt. Während der Paarungszeit, »der Rammelzeit«, zieht das Weibchen durch eine Art Lockflucht das Männchen an.

Die Fruchtbarkeit des Hasen ist sprichwörtlich. Bei der Häsin gibt es sogar eine »Doppelbefruchtung«, d.h. sie hat schon einen zweiten Wurf empfangen, bevor der erste überhaupt geboren ist. Der alte Spruch: »Rückt der Hase im Frühling zu zweit zu Feld, so kommt er an Bartholomä selb sechzehn bis siebzehn wieder zu Holz«, stimmt heute nicht mehr ganz, weist aber auf die große Vermehrungsfreudigkeit deutlich hin. So kann eine Häsin jährlich von März bis Ende August etwa vier Sätze, wie die Würfe heißen, zu je ein bis drei Junghasen bekommen, also etwa sechs bis zwölf Junge pro Jahr. Die Tragzeit dauert beim Feldhasen fünfunddreißig bis dreiundvierzig Tage, beim Kaninchen lediglich achtundzwanzig bis einunddreißig Tage.

Sein auffallendes Liebesleben und seine enorme Zeugungskraft machten den Hasen deshalb schon im Altertum zu einem bekannten Fruchtbarkeits-, Sexual- und Liebessymbol, wie es verstärkt auch der gehörnte Hase ist.

Bereits den Römern stach das Langohr infolge seiner sagenhaften Potenz und immensen Fruchtbarkeit in die Augen. So fand auch Hasenblut beim Zeugungsakt Verwendung. Es galt als empfängnisfördernd, Hasenharn hingegen als empfängnisverhindernd. Der römische Kaiser Heliogabal ließ sämtliche Kissen seiner Liebeslager mit Hasenhaaren polstern, da er glaubte, auf diese Weise würde sich die Potenz des Tieres magisch auf ihn übertragen.

In seiner Naturgeschichte weist der römische Schriftsteller Plinius darauf hin, daß der Verzehr von Hasenfleisch Schönheit verleiht. Außerdem fände auch eine aphrodisiakische Kräfteübertragung statt.

Im Christentum wurde die animalische Fruchtbarkeitswirkung des Feld-

Hase und Horn signalisieren geballte Potenz.
Archiv: A. und G. R. Kaut

hasen negativ gesehen. Er wurde zum Symbol für teuflische Sinnenlust, übertriebene Geschlechtsgier und verderbliche Unzucht. Papst Zacharias verbot deshalb 751 per Dekret den Verzehr von Hasenfleisch, da sich die im Hasen enthaltene Geilheit auf die Gläubigen zu übertragen drohe.

Am Kaiserdom von Königslutter zeigt ein Jagdfries in der Apsis aus dem Jahr 1135, wie ein Jäger von zwei grimmigen Hasen gefesselt wird. Diese Darstellung weist auf die sündige Verstrickung des Menschen hin, die er durch das Ausleben seiner Sinnlichkeit zu erwarten hat.

Die Kirche sah aber andererseits durchaus auch positive Elemente. Ambrosius beispielsweise verstand den Hasen und seine mit der Jahreszeit wechselnde Färbung als Symbol der Auferstehung, zumal er auch nach strengen Wintern sofort wieder Leben in die Welt setzen konnte. Bei Marienbildern ist ein dargestellter Hase als Anspielung auf die gesegnete Fruchtbarkeit der Gottesmutter zu verstehen.

Im bäuerlichen Brauchtum stellt der sogenannte Kornhase, der in den letzten Halmen gefangen wird, ein Fruchtbarkeitsomen dar, das auf gute Ernteerträge auch im nächsten Jahr hinweist.

Der Begriff »Hase« hat auch in den Sprachgebrauch Eingang gefunden. So wird »Hase« oder »Haserl« als Ausdruck der Zärtlichkeit im Bayerischen sogar für einen Menschen, allerdings immer nur für einen weiblichen, verwendet.

Es ist verständlich, daß jeder, der in irgendeiner Form mit dem Hasen Umgang hat, sei es, daß er ihn jagt, verzehrt oder Teile von ihm als Talismane oder Amulette bei sich trägt, auch erwartet, daß die dem Hasen zugeschriebenen Fruchtbarkeits- und Sexualeigenschaften, außerdem eine entsprechende Liebeskraft auf ihn übergehen.

Der Hase als Sinnbild für Klugheit und den Mond

Der Hase begegnet seinen Feinden weniger durch feiges Fluchtverhalten als vielmehr durch kluges Schutzverhalten. Zunächst einmal versteht er es, mit seiner braun-schwarzen Tarnfarbe, die ihn unsichtbar macht, als trüge er eine Tarnkappe, nicht aufzufallen. Er versteckt sich meisterhaft, kann sich elegant im Sinne des Wortes »verdrücken«.

Seine sanfte Klugheit gleicht dem milden Mondlicht in der Nacht, und seine Unsicherheit erinnert ebenfalls an den Mond, wenn er sich lautlos hinter die Wolken zurückzieht.

So wurde der Hase auch zu einem lunearen Symbol, zu einem Mondsinnbild. Drei Hasen in einem Kreis weisen darauf hin und auch auf den Wechsel der Mondphasen: Voll-, Halb- und Neumond.

Im chinesischen Sagenbereich sitzt der Hase auf dem Mond. Als Buddhà in einem seiner Leben einmal Hunger hatte, stürzte sich ein Hase freiwillig ins Feuer, um ihm dadurch als Nahrung zu dienen. Zum Dank entrückte Buddha die Seele des Hasen zum Mond. Dort zerstößt nun der Geehrte unter einem Akazienbaum in einem magischen Mörser verschiedene Substanzen, aus denen er ein Elixier für ewiges Leben zubereitet. Deshalb wird dieser Hase ehrfurchtsvoll auch »der kostbare Hase«, »der Jadehase« oder »der Gelehrte« genannt.

In Mittelamerika zeigt der *Codex Borgia* den Hasen in der mit Lebenswasser gefüllten Mondsichel.

Der Besitzer eines gehörnten Hasen verspricht sich, daß Klugheit, Anpassungsfähigkeit und langes Leben auf ihn übergehen.

Bayerische Schützenscheiben von 1850 (links) und 1910 (rechts): Drei Hasen im Kreis sind ein Symbol für Zauberkraft und Schnelligkeit.

Der Hase als Sinnbild für Schnelligkeit und den Lauf der Zeit

Der Hase besitzt eine große Schnelligkeit. Bis zu 70 Kilometer in der Stunde kann seine Geschwindigkeit betragen. Wegen dieser Flinkheit ist er auch nur schwer zu fangen. Zudem beherrscht er das Hakenschlagen. Dabei ändert der Hase vor dem nahenden, schnellen Verfolger in vollem Lauf plötzlich die Richtung in nahezu rechtem Winkel.

Der Verfolger »überschießt« den Hasen, d.h. er rennt zunächst geradeaus, muß dann seinen Lauf abbremsen und braucht einige Zeit, um in der neuen Richtung wieder »auf Touren« zu kommen. Mit jedem Haken gewinnt der Hase einen neuen Vorsprung und entkommt häufig auf diese Weise.

In alten Schwänken wird in Abänderung der Realität der Hase dargestellt, wie er den Menschen jagt, den er ohne Problem zu fangen ja imstande ist.

Drei Hasen im Kreis, die sich gegenseitig verfolgen, gelten als Symbol für die nie erlahmende Schnelligkeit und sind damit ein Sinnbild für den Lauf der Zeit. Eine bayerische Schützenscheibe um 1910 stellt drei Hasen im Kreis mit aneinandergewachsenen Löffeln so dar, daß es aussieht, als ob sie zusammen nur drei Ohren hätten.

Im Rund steht der Vers:

Drei Hasen und der Ohren drei
und doch hat jeder ihrer zwei.

Von Hasen glaubte man auch lange Zeit, sie würden tausend Jahre alt und im Alter grau und schließlich weiß. Diese Macht über die Zeit und die Fähigkeit zum raschen Handeln sollen gehörnte Hasen auch auf ihre Besitzer übertragen.

Der Hase als Symbol für Feigheit, aber auch für Kampfeslust

Wer bei dem Begriff »Hase« nur an Hasenfuß, Angsthase, Hasenherz und »das Hasenpanier ergreifen« denkt, tut dem Hasen bitter Unrecht.

Der Begriff »Hasenfuß« meint zwar einen schwächlichen, gehetzten und feigen Menschen und gilt als Synonym für einen Furchtsamen. Dieser Eindruck, der sich von einem vor Hunden flüchtenden Hasen ableitet, ist falsch. Hasen sind nicht feige. Sie fliehen überlegt und mit Mut, besitzen andererseits aber auch eine erstaunliche Kampfeslust. Hasen greifen im Ernstfall wütend an, teilen dabei wuchtige Schläge mit ihren Vorderpfoten aus und beißen mit ihren Schneidezähnen heftig zu. Kaiser Maximilian I. schrieb in sein Notizbuch, daß bei Linz zwei Hasen nicht nur einen Hund gejagt, sondern ihn sogar »gepissen haben«.

Solche Berichte gibt es zuhauf, und deshalb wurden Hasen auch als Kinderschreck im Kornfeld benutzt. Diese Korngeister hielten die Kleinen von dem Betreten des reifen Kornfeldes ab, wodurch beim Zertrampeln der Ernte beträchtlichter Schaden entstanden wäre.

Die Bauern stießen den Warnruf aus: »Der Hase kommt bald! Paßt auf, wie der Hase herausspringt!« Rasch wurde Meister Lampe so zum Feldgeist und Korndämon. Wallte der Wind im Korn, wogte das Getreide in Wellen, welkte es, dann war eben der Has' im Korn. Man durfte sich ihm nicht nahen, da er Krankheit, ja sogar Tod bringen konnte. So bezeichnete man schon Hasenfraßstellen in der jungen Saat als Wege des Kornengels, vor dem nicht nur Kinder einen enormen Respekt hatten, soll doch seine Strafe furchtbar gewesen sein, da der Kornengel seine Opfer verschleppte und erwürgte.

Meister Lampe war in alten Zeiten in keiner Weise Symbol für Angst und Feigheit, im Gegenteil. Bereits aus der Antike ist bekannt, daß die beiden berühmten Helden Achill und Herakles im Kampf Abwehrschilde mit sich führten, auf denen Szenen einer Hasenjagd abgebildet waren. Diese sollten als Abwehrzauber dienen.

Ebenso wurde viele Jahrhunderte vor Christus die Göttin Artemis, die mächtige Gebieterin der Tiere auf Abbildungen von allerlei wehrhaften Tieren flankiert. Neben Adlern, Löwen, Panthern, Stieren, Widdern, Hirschen, Schlangen, Greifen und Sphinxen standen ihr immer auch Hasen zur Seite. Die daraus resultierende Auffassung, der Hase sei ein wildes Tier, wurde bis ins Mittelalter hinein vertreten. So ist im süditalienischen Ravello an der Bronzetür der Bischofskirche der Drachenkampf des heiligen Georg dargestellt. Die Bestie setzt sich aus einem kurzen Schlangenleib und dem Kopf eines Hasen zusammen.

Aus dem Schweizer Kanton Uri ist eine Sage überliefert, in der ein riesiger weißer Hase mit überdimensionalen Ohren und einem glühenden Auge mitten auf der Stirn als furchterregender Dämon sein Unwesen treibt. Selbst Gespenster haben vor ihm Angst.

Das Bild des feigen Hasen begann sich erst im Mittelalter zu entwickeln, hat sich aber längst nicht als einzige Betrachtungsweise durchgesetzt. Sogar wissenschaftlich ist längst belegt, daß der Hase kein »Hasenfuß« ist. So meldete im August 1993 die Presse, daß »Hasen ihrem ärgsten Widersacher, dem Fuchs, nicht sofort davonlaufen, wenn sie ihn sehen. Anthony Holley von der britischen Universität Durham hat herausgefunden, daß genau das Gegenteil der Fall ist: Der Hase lenkt die Aufmerksamkeit von Meister Reineke sogar auf sich. Holleys zehnjährige Beobachtungen ergaben: Wenn ein Fuchs in der Nähe ist, setzt sich Meister Lampe aufrecht hin, so daß er schon von weitem zu sehen ist. Der Fuchs aber weiß, daß ihm seine mutmaßliche Beute im Spurt überlegen ist und wird deshalb gar nicht erst zur Jagd ansetzen. Dem Hasen bleibt die nerven- und energiezehrende Flucht erspart.«

Für den normalen Hasen und mehr noch für den gehörnten Hasen gilt also zu Recht das Sprichwort:

Klein, hurtig und keck
stößt den Großen in den Dreck.

Der Hase als Glücks- und Unglückszeichen im Aberglauben und Traum des Menschen

Das Wort »Hase« war früher mit dem Wort für grau, graubraun verwandt. Der »Graue« als Name des Hasen war in alter Zeit ein Tabuwort, weil das Tier bei vielen Völkern als dämonisch, unheimlich und unheilbringend galt. Dies erklärt auch seine Rolle als Seelen-, Teufels- und Hexentier.

Der berühmte Historiker und Naturwissenschaftler Giraldus Cambrensis (Gerald de Barri, 1147–1223) berichtet von vielen Wundern, unter anderem auch dem, daß sich Hexen in Hasen verwandelten und in dieser Gestalt Milch von Kühen tranken.

Als Feuerhase verkündete und brachte er oft eine Feuersbrunst. Bei Schmeller bedeutet das Wort »Hashart« soviel wie Unglück. Wer so fruchtbar war, mußte einerseits mit dem Leibhaftigen im Bunde stehen, konnte andererseits beim Menschen auch dessen Glück befruchten.

So wurden Hasenfett, -balg und -exkremente in der Volksmedizin gegen allerlei Beschwerden eingesetzt. Die Hasenpfote war früher nicht nur Federwischer und gehörte als solcher zum Tintengeschirr, vielmehr galt sie als Glücksbringer. Wenn man eine Hasen- oder Kaninchenpfote bei sich in der Tasche oder als Anhänger am Hals trug, war man vor jedem Unglück sicher. Man braucht nur in kritischen Augenblicken daran zu reiben oder das Amulett zu berühren. Am glückbringendsten war die linke Pfote eines Hasen, der um Mitternacht auf dem Friedhof erlegt worden war.

Hasenpfoten schützten im Beruf, auf Reisen und ließen Glücks- und Kartenspieler Gewinne erzielen. Ein Amulett mit einem Hasenauge bewahrte seinen Besitzer vor Augenkrankheiten, ja sogar vor Blindheit.

Ein Kind, das dadurch zum Bettnässer wurde, wenn man es in einem undichten Behälter badete, konnte man von dem Übel heilen, indem man es von dem Kopf eines Hasen essen ließ, der nach Sonnenuntergang gekocht worden war.

Durch den Verzehr eines Hasen, der durch Kaiserschnitt zur Welt gekommen war, glaubten Frauen, die Unfruchtbarkeit beheben zu können.

Die germanische Göttin Nehalennia hat übrigens als Göttin der Unterwelt und des Todes, aber auch der Ehe, des Kindersegens und der Fruchtbarkeit Hasen in ihrem Gefolge.

So wurde aus dem Hasenfuß, Symbol für Feigheit, die Hasenpfote, Symbol für Leben und Glück, also für Lebensglück.

Von einem Hasen zu träumen, gilt heute noch als ein positives Zeichen. So glaubt man, daß zwar schwierige Probleme auftreten, diese aber gut hinausgehen werden. Dabei ist eine örtliche oder berufliche Veränderung von Nutzen.

Die dem Hasen innewohnende Glücks- und Unglückskraft verlieh ihm eine viel beachtete Macht, der abergläubische Menschen mit Respekt zu begegnen wußten.

Das Horn als Gottes- und Machtsymbol

Das gemein-germanische Wort »Horn« ist eine Bildung aus der indogermanischen Wurzel »k̂ere«, was soviel wie Hirn bedeutet. Man meinte damit den obersten Teil am Kopf, eben das Hirn oder das Horn.

Bei gehörnten Hasen waren die hornähnlichen Ohren wohl am auffälligsten, so daß er sich rasch als »gehörnter Hase« in das Bewußtsein der Leute einprägte.

Die Hörnerkrone in Alt-Mesopotamien und im syrisch-phönikischen Raum war ein Kennzeichen der Götter. In ihr äußerte sich göttliche Kraft.

Ein ägyptischer Mythos erzählt, wie die Kuhgöttin Hathor das junge Sonnenkind mit ihren Hörnern zum Himmel emporhob. Auch im Alten Testament der Bibel sind Hörner ein Gottes- und Machtsymbol. Während der Herr das Horn seines Volkes erhöht, wird das von Moab abgeschlagen (Ps. 148,14 und Jer. 48,25). Gott selbst bezeichnet sich als »Horn des Heils« (Ps. 18,3). An Altären angebracht sind Hörner Mittler zwischen Gott und Mensch (Ex. 30,10). Moses trägt als Gottgesandter Hörner auf der Stirn. Herrscher wie Alexander der Große und Seleukos ließen ihr Bild mit gehörnter Stirn auf Münzen prägen.

Das Tierhorn als gefährliche Waffe war Symbol für physische Kraft, übermenschliche Macht, gewaltige Stärke, für Abwehr- und Lebenskraft. Nur durch ein einziges Horn gilt das Einhorn seit jeher als mit besonderen Kräften ausgestattetes Wundertier.

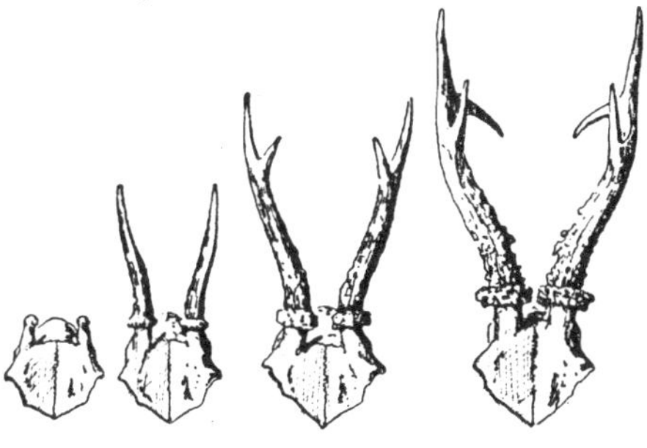

Beim gehörnten Hasen vervielfacht sich dessen beeindruckende Fruchtbarkeit durch die Ausstattung mit Hörnern ins Unvorstellbare.

Träumt man von Hörnern am Kopf, gelangt man zu Würde, Grandezza und Herrschaft. Hörner auf dem Kopf eines Hasen vervielfachen also dessen ohnehin schon beeindruckende magische Bedeutung.

Gemse und Rehbock, die Hornlieferanten für den gehörnten Hasen.

Das Horn als Phallussymbol

In der Sexualsymbolik gilt das Horn als Phalluszeichen. Dies darf wahrscheinlich schon bei dem prähistorischen Felsrelief, der sogenannten »Venus von Laussel« angenommen werden. Auch das Füllhorn steht als Zeichen für animalische Fruchtbarkeit und reichen Erntesegen. Die Benutzung von Trinkhörnern wurde von der Kirche untersagt. Aus einem Phallussymbol gleichsam sexuelle Kraft zu tanken, schien dann doch die Grenze des Erlaubten zu überschreiten.

Wenn Hasen Hörner besitzen, potenziert sich ihre Lebenskraft und Fruchtbarkeit ins Unermeßliche.

Das Horn als Zeichen des Bösen und für den Mond

Der Teufel, als Hornträger bekannt, ist ein Dämon und die Verkörperung des Bösen. Somit hat auch das Horn eine dämonische Ausstrahlung, die aber auch gegen Dämonen eingesetzt werden kann. So besitzt der Klang des Instrumentalhorns dämonenabwehrende Kraft und steht in Verbindung mit dem die Finsternis besiegenden Licht.

Das Horn findet sich auch in der Mondsymbolik. Zwei Hörner sind das Sinnbild für die aufleuchtende und wieder erlöschende Mondsichel. Im Rigveda (7,55,7) wird der Mond als »Stier mit tausend Hörnern« bezeichnet, hat also so viele Hörner wie tausend Stiere.

Der mythische Aufgangsort der Sonne, so zeigen es nordafrikanische Felsbilder, sind die Hörner von Stier, Büffel und Widder.

Verzweigungen und Länge des Horns als Kraft-, Macht- und Potenzsymbol

Der Aufgang von Licht aber symbolisiert neues Leben, womit sich auch beim gehörnten Hasen die Bedeutungen der verschiedenen Attribute nahtlos ineinander fügen.

Es gibt kleine und große Hörner, schmale und wuchtige, lange und kurze, solche mit einem Ende und solche mit vielen Verzweigungen. Dabei gilt die begreifliche Regel, je größer, wuchtiger, länger und verzweigter ein Gehörn ist, umso mehr Kraft, Macht und Potenz des Trägers bringt es zum Ausdruck.

Ein derart stattliches Geweih wie bei diesem Wolpertinger gehört zu den vielgesuchten Raritäten.
Archiv: A. und G. R. Kaut

Allerdings muß das Gehörn in seiner Gestalt auch zur Größe und Erscheinung des Besitzers passen, sonst wirkt es lächerlich. Beim gehörnten Hasen, bei dem diesbezüglich die Proportionen stimmig sind, kann sich deshalb auch diese Symbolik voll entfalten.

Alle Marder (oben und unten), obwohl klein von Wuchs, sind ein Symbol für Blutgier und Entzug der Lebenskraft.

Der Bock als Fruchtbarkeits- und Lebenssymbol, als Sinnbild für Sexualität und Sünde

Die Tatsache, daß bereits im alten Ägypten Frauen zum Bock um Kindersegen beteten, läßt ihn als Symbol für Fruchtbarkeit und Zeugungskraft erscheinen. Auch Leben und Lebenskraft bringt sein Wesen zum Ausdruck. Hier erinnert er mit seiner Jagd nach Leben an einen Jäger.

Der Bock dient in der christlichen Legende der Todsünde der Unkeuschheit, der Luxuria, als Reittier. Sie ist zudem mit einem Bocksfell bekleidet. Sie stellt somit das Symbol für Wollust dar.

Bei Reh- und Gamsböcken spricht man von Hitzigkeit und Geilheit, wenn sich der Paarungstrieb regt. Nach christlicher Lehre sind diese Begriffe im Bereich der Sünde anzusiedeln. Solche »Sündenböcke« stehen dem Teufel nahe und damit der Nacht und dem Tod, von dem sie gejagt und schließlich auch erlegt werden.

In früherer Zeit verzehrte man Herz und Leber einer Gemse oder trank ihr Blut, um dadurch schwindelfrei zu werden. Die sogenannten »Gemseneier«, die als Lieblingsspeise der Wolpertinger gelten, sind bei den Jägern als »Gamskugeln« bekannt. Es handelt sich dabei um unverdauliche Rückstände aus dem Magen einer Gemse. Jäger, die eine »Gamskugel« besaßen, waren angeblich bei der Jagd besonders treffsicher. Schwangeren Frauen garantierte ihr Besitz eine leichte Niederkunft.

Der Bock als Sinnbild für Aggression und Opfer

Das Fell des Ziegenbocks ist nach antikem Verständnis Sinnbild für den Geist des Schreckens, und verursacht panische Angst. Der Bock als aggressives Wesen wird als Begleiter des germanischen Donnergottes Thor gesehen, der mit seinen Blitzen Leben zeugt. Gleichzeitig wird der Bock auch dem Wettergott als Opfertier dargebracht und muß so den Tod erleiden.

Der Marder als Symbol für Lebensentzug und als Sinnbild für die Zerstörung der Seele

Der Marder hingegen ist Symbol für Lebensentzug. Er bewohnt dichte Wälder und gilt als blutsaugerisches, kraftvolles Nachttier, das bei seinen nächtlichen Raubzügen Hühnerställe, Vogelnester und Nistplätze von Waldtieren heimsucht.

Als Nachtmahr ähnelt er einem Nachtgespenst, das Alpdrücken verursacht, und seine Opfer sind ihm hilflos ausgeliefert. Das Blut, das er saugt, ist Inbegriff des Lebensstoffes. Blut gilt bei zahlreichen Völkern als Sitz der Seele. Als Nachtmahr zerstört der Marder gleichsam diese Seele und laugt sein Opfer geistig aus, es sei denn, es findet ein Mittel, ihn vorher unschädlich zu machen.

Das Element des Bockes beim gehörnten Hasen weist also einerseits auf Leben, Fruchtbarkeit, Sexualität, Kraft und Potenz hin, andererseits aber ebenso wie der Marder auch auf Tod, Opfer und Dämonisches. Marder sind oft auch des Hasen Tod und vermutlich mißdeutete man die Verfolgung eines Hasen durch einen Marder auch als »Liebesjagd«, in deren Folge schließlich ein Marderhase entstehen konnte. Als Dämmerungs- und Nachttier macht sich der Marder des öfteren durch sein unheimliches nächtliches Gepolter, Gekreische und Geschrei bei der Ratten- und Taubenjagd oder während der Ranz-(Paarungs)zeit im Juli und August in Gärten, auf Höfen, Dächern oder Dachböden unangenehm bemerkbar.

Der Baummarder wandert übrigens in einer Nacht bis zu 25 Kilometer, wobei er etwa 38 000 einzelne Sprünge machen muß. Dies brachte ihm auch den Ruf ein, überall zur gleichen Zeit sein zu können.

Aus diesen Beobachtungen heraus läßt sich vielleicht auch verstehen, warum die Jagd auf den gehörnten Hasen nicht nur erlaubt, sondern sogar ratsam ist, immer vorausgesetzt, man hat die Fähigkeit und den Mut, den Kampf mit ihm aufzunehmen.

Flügel erhöhen bei Marderwolpertingern deren Mobilität ungemein. Sie scheinen dadurch gleichzeitig an verschiedenen Plätzen auftreten zu können (oben links). Wildschweinartige Wolpertinger gehören zu den größten Wolpertingern überhaupt (oben rechts). Fuchsartige Wolpertinger wirken immer »hinterfotzig«, wie der Bayer zu sagen pflegt (links).

Archiv: A. und G. R. Kaut

Der Keiler als Fruchtbarkeits- und Glückssymbol sowie als Sinnbild für Kampfeskraft und Energie

Das Schwein wurde schon in der Frühgeschichte mit dem Gedanken an weibliche Fruchtbarkeit verbunden. So war es in Syrien der Fruchtbarkeitsgöttin Astarte geweiht und bei den alten Ägyptern ein begehrtes Amulett. Der Eber Gullinbursti war Reittier des germanischen Fruchtbarkeitsgottes Freyr. Seine goldenen Borsten erinnerten an wärmende und fruchtbringende Sonnenstrahlen.

Auch heute gelten das Schwein und der Eber als beliebtes Glückszeichen, worauf auch Redewendungen wie »Schwein gehabt« hinweisen. Wühlende Schweine, so glaubt man, sind Entdecker von Schätzen und versunkenen Glocken.

Auch als Opfertier fand das Schwein stets Verwendung. So brachte man der griechischen Erdgöttin Demeter Ferkel dar, und bis heute sind Schweine begehrte Schlachttiere.

Wegen seiner Kampfeslust symbolisiert der Keiler den parsischen Kriegsgott Verethragna. Die Gallier erkoren ihn zum Feldzeichen und die Germanen zum Helmschmuck. Die unteren langen Eckzähne des Keilers heißen in der Jägersprache bezeichnenderweise »Gewehre«, die kürzeren oberen »Haderer«, da es sich dabei um gefährliche Waffen handelt.

Selbst kleinwüchsige Wolpertinger zieren oft gewaltige »Gewehre« und »Haderer«, wie die Keilerhauer heißen.
Archiv: A. und G. R. Kaut

Der Keiler als Zeichen für Laster und Böses

Andererseits lehnte man den im Schlamm wühlenden Keiler (sus sordida) auch als unreines Tier ab (III Mos. 11,7) und stempelte es zum Sinnbild der Heiden, die Israel, den Weinberg, zu zerstören suchen (Ps. 79,14). Das sich nach jeder Schwemme erneut im Schlamm wälzende Tier (II Petr. 2,22) ließ an einen Menschen denken, der immer wieder in seine alten Sünden zurückfällt.

Artemidoros sieht im Keiler sogar die Verkörperung von Brutalität und des abgrundtief Bösen, ja sogar des Satans persönlich. Der Anführer der wilden Geisterjagd reitet, wie man weiß, oft auf einem teuflischen Eber. Nicht nur auf dem Bock, auch auf dem Eber ritt die Wollust Luxuria.

Wer früher während einer Reise einen Eber sah, durfte das als gutes Omen werten. Mit Eberfett und -hirn eingeriebene Waffen sollen nach altem Aberglauben besonders gefährlich sein. Früher nahmen Frauen bisweilen pulverisierte Eberhoden ein, um leichter schwanger zu werden oder einen allzugroßen Busen zu verkleinern. Bettnässer verzehrten nicht selten die gebratenen Geschlechtsteile des Ebers, um sich so von ihrem Leiden zu befreien.

Zeigt sich nun bisweilen ein gehörnter Hase mit Eberhauern, verrät das auch etwas über sein Wesen. Er symbolisiert Fruchtbarkeit, Opferbereitschaft, abgrundtief Böses, Brutalität, Sünd- und Lasterhaftes und Schmutziges, aber auch Glückbringendes für den, dem es gelingen sollte, ihn in seine Gewalt zu bringen.

Der Biber als Sinnbild für Ausdauer und Kraft

Der Biber ist wie der Hase ein Nager, jedoch im Gegensatz zu ihm das größte Nagetier Europas. Er wurde besonders wegen seines wertvollen dichten Felles gejagt, aber auch die schuppenmusterartige Haut seines breiten, flachen Schwanzes, Biberkelle genannt, war begehrt, da sie Macht verleihen sollte.

Der Biber lebt wie ein Schloßherr zurückgezogen in Wasserburgen, die er tauchend erreicht und die ihm fast vollständigen Schutz vor Feinden gewähren. Er ist ein berüchtigter Landschaftsgestalter, der auch das Klima zu beeinflussen vermag. Sprichwörtlich sind seine Kraft, seine Ausdauer und sein Fleiß. Der Biber ist besonders in der Dämmerung und nachts tätig. Dann nagt er ganze Baumbestände ab und bringt sie geschickt zu Fall.

In der Volksmedizin findet vor allem das sogenannte »Bibergeil« Verwendung, das nach altem Glauben aus dem Hodensack des Tieres, in Wahrheit aber aus besonderen Bauchdrüsen stammt.

Keiler und Biber geben dem gehörnten Hasen Macht, Fruchtbarkeit, aber auch Bösartigkeit.

Es soll vor allem bei Impotenz und bei schweren Geburten helfen. Mit diesem öligen Drüsensekret fettet der Biber sein Fell ein, um es wasserundurchlässig zu machen. Nach altem Glauben soll er jedoch dadurch seine erstaunlichen

Fuchs und Wildkatze im gehörnten Hasen symbolisieren Frechheit, Glücks- und Unglückszauber.

Kräfte und Fähigkeiten erhalten. Lassen die Hauer eines Keilers höchstens an ein durch Aggression erworbenes Glück denken, so weist der Biber darauf hin, daß wahres Glück nur »dem Fleißigen hold ist«.

Der Fuchs als Symbol für List und Falschheit, für Glück und Unglück

Der Fuchs, eines der letzten größeren Raubtiere unserer Wälder, gilt als Symbol für Klugheit und List, aber auch für Falschheit und Dreistigkeit. Er lebt als Einzelgänger und ist so pfiffig, daß er nur einmal in eine ihm gestellte Falle tappt. Wenn er ihr entkommt, geht er in keine zweite.

Der Fuchs lebt zurückgezogen in einem unterirdischen Bau, den er hauptsächlich bei eintretender Dämmerung zur Futtersuche verläßt. Er ist ein frecher Geselle, der sich dreist in Bauernhöfe und Ställe wagt, und dort Hühner, Gänse und Enten reißt.

Ein geradezu wolpertingerhaftes Verhalten, das völlig anormal wirkt, zeigen Füchse, die von der Tollwut befallen sind. Sie haben Schaum vor dem Maul, wirken zutraulich, beißen aber dann unerwartet zu.

Im Volksglauben kann der Fuchs sowohl Glück wie auch Unglück bringen. Er gilt als Hexen- und Teufelstier. Als solches ist sein Name ein Tabu. Der Gespensterfuchs fährt seinen Opfern mit dem buschigen Schwanz über die Augen und blendet sie. In alten Mythen gehört er zum Gefolge des Mondgottes. Im Märchen stellt er sich hingegen vielfach als ein freundlicher Helfer dar.

Das Blut und der Hoden der Füchse helfen im Liebeszauber gegen Unfruchtbarkeit. Ihr Fett wird allgemein

für ein bewährtes Heilmittel gehalten.

Lateinisch heißt der Fuchs übrigens – »vulpes«, was einmal mehr an den Wolpertinger denken läßt.

Die Wildkatze als Symbol für Kampfgeist und Lebenskraft, als Zaubertier mit Wunderkraft

Auch die Wildkatzen sind von ihrem Charakter her Tiere, die in Wolpertingern stecken, denn sie leben in urwald-

Ein reinrassiger, kampfbereiter Hornhase (oben), ein Wolpertinger nach ausgeführtem Warnbiß (rechte Seite oben) und ein Hechthase in Angriffsstellung (rechte Seite unten) dokumentieren die Vielfalt in Aussehen und Verhalten eindrucksvoll.
Archiv: A. und G. R. Kaut

ähnlichen Gebieten und hausen tagsüber in einem verlassenen Fuchs- oder Dachsbau. In der Dämmerung gehen sie auf Beutefang. Bei Gefahr sträuben sie ihre Haare, fletschen die Zähne und fauchen, was sie trotz ihres kleinen Körperwuchses bedrohlich erscheinen läßt. Wildkatzen sind besonders zähe, lebenskräftige Tiere, die sich zu wehren verstehen. Nach einer Legende kämpften einmal zwei von ihnen so lange, bis nichts mehr außer ihren Schwänzen übrig geblieben war.

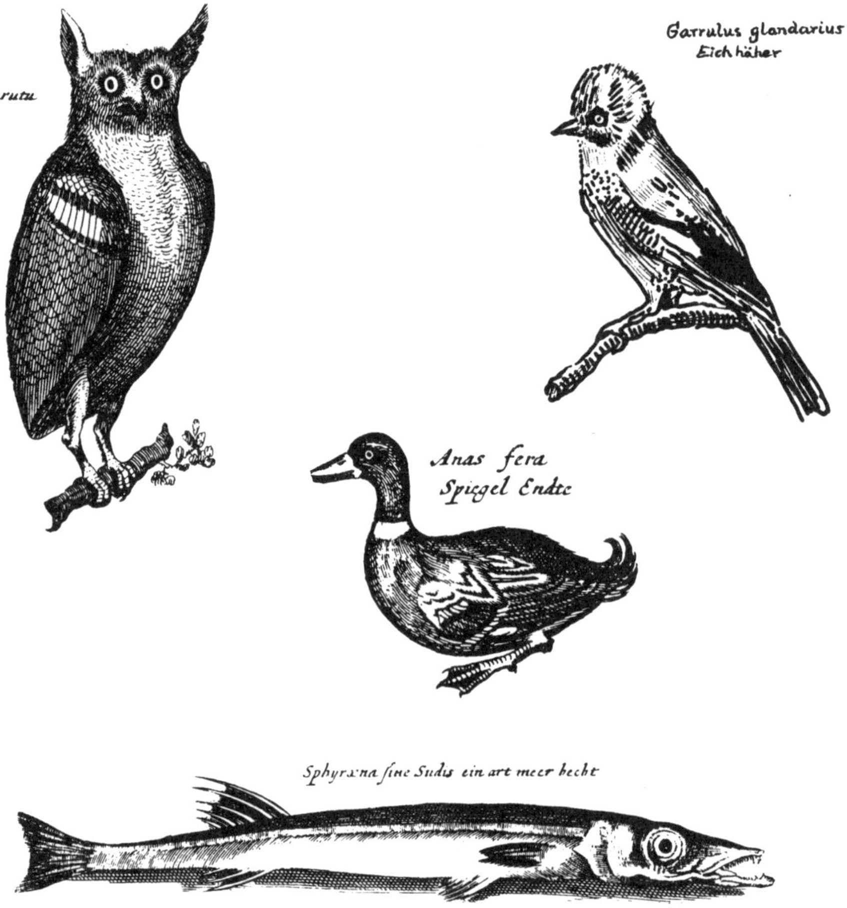

Eule, Eichelhäher, Ente und Hecht im gehörnten Hasen versinnbildlichen Weisheit, Imitationsfähigkeit, Treue, Todesgefahr – aber auch langes Leben und Geschlechtskraft.

Wildkatzen sind wachsam, argwöhnisch, instinktiv äußerst vorsichtig, weshalb sie nach altem Glauben auch neun Leben besitzen. Kein Mensch darf es wagen, auch nur eines dieser Leben auszulöschen, andernfalls werde das Tier einen solchen Frevler aus dem Jenseits verfolgen und sich böse an ihm rächen.

Wildkatzen wird ein dämonischer Charakter nachgesagt. Ihr Gang, ihr Blick, die elektrische Wirkung des Fells machen sie zum Inbegriff des Unheimlichen. Sie waren auch die Lieblingstiere der germanischen Göttin Freia, der Göttin der Liebe und Ehe. Zwei Katzen zogen ihren Himmelswagen. Wer sich mit Wildkatzen gut stellte, dem war Freia wohlgesonnen und sie schenkte einem solchen Menschen Lebensglück.

Die Redensart »die Katze aus dem Sack lassen« weist auf ein Geheimnis hin, das ganz plötzlich offenbar wird, so wie eine eingesperrte Katze aus dem geöffneten Sack herausspringen würde. In diesem Zusammenhang ist bemerkenswert, daß auch der gehörnte Hase immer in einem Sack gefangen wird.

Teile aller Katzen, auch der Wildkatze, machen nach altem Aberglauben den Träger oder Besitzer unverwundbar, bisweilen sogar unsichtbar. Fell und Kot wurden früher immer wieder gegen verschiedene Krankheiten angewendet. Alle diese Tatsachen sprechen dafür, daß auch Pfoten und Köpfe von Wildkatzen zu Recht bei Wolpertingern zu finden sind.

Der Eichelhäher als Symbol für Täuschung und Spott

In Wolpertingerpräparaten findet man häufig Eichelhäherflügel, die aus den hübsch schwarzblau gestreiften Federn bestehen.

Der Eichelhäher ist ein Symbol für Täuschung und Spott, da er als ausgezeichneter Stimmenimitator und Spötter bekannt ist. Er ahmt den Waldkauz, die Drossel und die Rabenkrähe nach und kann wie ein Bussard miauen. Er äfft Schafsblöken und Ziegengemecker nach und täuscht damit manchem Schäfer ein verirrtes Tier vor.

In Gefangenschaft lebende Häher lernen Lieder nachzupfeifen und Wörter nachzusprechen. Seine stimmlichen Täuschungsmanöver und Lautierkünste machen ihn zweifellos zu einem geeigneten Bestandteil des Wolpertingers.

Wer eine schwarzblaue Eichelhäherfeder findet, dem ist federleichtes Glück beschieden.

Nach ihrem Ruf werden Eichelhäher übrigens auch »Holzschreier« oder »Gritsch« genannt, was zweifellos mit »Gritscherl« zusammenhängt, einer Vorform des Begriffes »Kreiß«, wie der Wolpertinger auch heißt.

Huhn und Ei, Symbole für Fruchtbarkeit, Leben und Opferbereitschaft.

Die Eule als Symbol für Weisheit

Häufig fallen in Wolpertingerpräparaten besonders die flammenfarbenen Augen auf, die sofort an den Uhu oder die Waldohreule denken lassen und als »Geistesflammen« ein Symbol für Weisheit darstellen. Der Uhu gilt als »König der Nacht«. Er hat dolchartige Krallen, mit denen er nach lautlosem Flug seine Beute packt, was ihn zum Sinnbild des unvermittelt zuschlagenden Todes werden läßt. Sein dumpfes »Schuhu« klingt unheimlich und gilt als Ankündigung eines nahenden Todes. Manchmal hört man auch ein heiseres Kichern, wenn Männchen und Weibchen einander antworten. Es läßt an den Tod denken, der sich über sein Opfer lustig macht.

Die beweglichen Federbüschel am Kopf mancher Eulen ähneln Ohren, haben jedoch mit dem Gehör unmittelbar nichts zu tun. Sie erinnern aber auch an Hörner, die nach Belieben angelegt werden können. Man sieht Eulen, die »geflügelten Nachtkatzen«, selten am Tag. Bei Helligkeit sind sie mit ihrer rindenfarbenen Federkleidung gut getarnt.

Eulen sind wie Füchse als Hexen-, Teufels und Gespenstertiere gefürchtet. Herz und Fuß der Eule sind Amulette. Gegen Blitzschlag nagelte man früher eine Eule an das Scheunentor, gegen Hexerei vergrub man sie unter der Schwelle eines Stalles.

Einem alten Aberglauben nach kratzt sie als Nachtschreck ihr Opfer, zerzaust ihm das Haar, pißt ihm auf den Kopf oder saugt ihm sogar das Blut aus. Deshalb wird sie mancherorts auch mit der Habergeiß gleichgesetzt. »Winselmutter« ist ebenfalls ein gebräuchlicher Name für sie, was an den Namen »Wimmerding« erinnert, der bisweilen für Wolpertinger steht.

Nicht nur die Füße, sondern auch der Kopf einer Ente verleihen dem Wolpertinger – hier ein Entenhase – ein ansprechendes Erscheinungsbild.
Archiv: A. und G. R. Kaut

Die Ente als Symbol für mütterliche Treue und Erdverbundenheit

Häufig entdeckt man bei gehörnten Hasen Entenfüße. Die Ente ist eine der Muttergottheit nahestehender Vogel. Der Name des treuen Eheweibes von Odysseus, Penelope, bedeutet »Entchen« (penelops = Ente). Dieser Vogel versinnbildlicht auch die Zeugung der Erde aus den Wassern. In China ist ein Entenpaar ein Zeichen für eheliches Glück. Entenfett ist ebenso wie Gänsefett gut für fast alles. Der breite Entenfuß mit seinem watschelnden Gang deutet auf Erdverbundenheit hin.

Die glücksbringenden Eichelhäherflügel passen ausgezeichnet zu den

Entenfüßen, die Treue und Mütterlichkeit symbolisieren und den gehörnten Hasen dadurch zu einem Talisman werden lassen.

Der Hecht als Symbol für Geschlechtskraft und Garant für Gesundheit und Stärke

Der Kopf eines Hechtes verleiht einem Wolpertinger ein besonders gefährliches Aussehen. Der bis zu 1,5 Meter lange Raubfisch hat eine entenschnabelige Schaufelschnauze, die mit scharfen, nach hinten gerichteten Zähnen besetzt ist. Als schneller Jäger erbeutet er Fische, Frösche, Wasservögel, ja sogar kleine Säugetiere. Wegen seiner räuberischen Umtriebe wird der Hecht auch als Wasserwolf bezeichnet.

Die Redenart »toller Hecht« weist auf seine lange Lebenszeit und seine bemerkenswerte Geschlechtskraft hin. Hechte werden 60 bis 70 Jahre alt. Ein Exemplar soll sogar 267 Jahre alt geworden sein, doch gibt es dafür keinen Beweis. Auf lebende Hechte können angeblich Krankheiten übertragen werden. Wirft man sie mit dieser Bürde wieder in den Fluß, ist man das Übel los.

Das Schmalz des Hechtes ist nach altem Glauben sowohl ein bewährtes Schlafmittel, wird aber auch gegen übermäßige Menstruation eingesetzt. Während eine Mixtur aus Hechtgalle gegen Schwerhörigkeit empfohlen wird, soll der Verzehr von Hechtaugen Blähungen beheben.

Vor allem wegen dieser lebens- und gesundheitsspendenden und sexuellen Kräfte gibt beispielsweise ein gehörnter Hechtkopf Wolpertingern eine besondere Note.

Huhn und Ei als Symbole für Fruchtbarkeit und Leben

Das Huhn, mit dem sich der gehörnte Hase ebenfalls artenwidrig zu paaren pflegt, wird als eierlegendes Tier sowohl für fruchtbar und vermehrungsfreudig gehalten, ist andererseits aber auch als Opfer- und Beutetier willkommen. Nur ein schwarzes Huhn gilt als dämonisch und gefährlich, und es empfiehlt sich, ihm aus dem Weg zu gehen.

Das Ei ist Symbol für neues Leben, Erneuerung und Wiedergeburt. Die Schale wird vom jungen Leben gleichsam durchbrochen.

Ein alter Mythos erzählt vom Weltenei, aus dessen beiden Hälften sich Himmel und Erde bildeten. Das Ei wird gerne auch als Opfergabe dargebracht.

Der Osterhase, sowohl der im Brauchtum bekannte grüne Hase als auch der rote Hase, gilt als Eierleger und Eierbringer. Außer seiner Fruchtbarkeit führte dafür folgende wenig bekannte Tatsache zu dieser Legende. Hasen bedienen sich bei der Nah-

Zähne, Krallen, Gallenstein, Federn, Haare und Speichel des Wolpertingers sind symbolträchtige Bestandteile

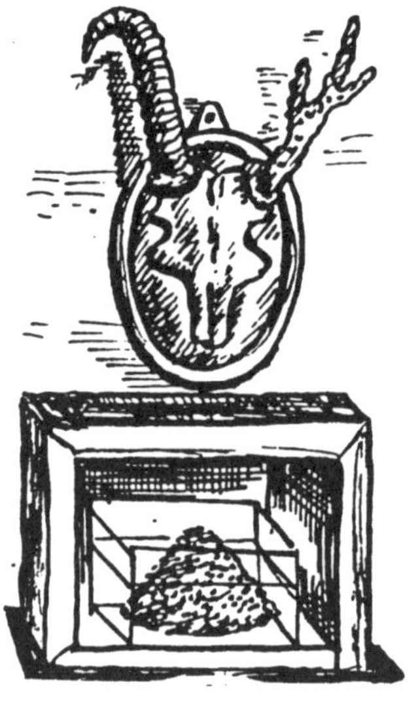

Wolpertingerfett und zerstoßenes Wolpertingergehörn gelten im Volksglauben als Kraft- und Potenzmittel, auf die jeder Jäger besonders erpicht ist.

In der Nähe von Burgruinen fühlen sich die Wolpertinger in mondhellen Nächten äußerst wohl.
Archiv: A. und G. R. Kaut

rungsaufnahme des »falschen Wiederkäuens« und der »Ernährung aus dem Blinddarm«. Dabei verzehren sie den noch nicht völlig aufgeschlossenen Blinddarminhalt nochmals. Er tritt als helle Blinddarmkotpillen aus dem After und wird von dort gierig mit dem Mund abgenommen. Es sieht so aus, als würden sich die Hasen putzen. Zufällige Beobachter könnten diesen Vorgang als »Eierlegen« und »Ostereier essen« des Hasen mißverstehen, wie es vielleicht in folgendem Fall geschehen ist.

Ein amtliches Protokoll vom 28. 7. 1758 bezeugt, daß ein von einem Förster in Gefangenschaft gehaltener Hase in Sollnhofen Eier gelegt habe. Sie sind angeblich noch im Naturalienkabinett Ansbach an der Rezat vorhanden. Vielleicht handelt es sich um größere, inzwischen verhärtete Kotpillen des Hasen.

Verständlich ist aber, daß beim gehörnten Hasen eine Legetätigkeit infolge ähnlicher Beobachtungen angenommen wurde und demzufolge auch seine Paarung mit dem ebenfalls eierlegenden Huhn als durchaus möglich erschien.

Zähne und Krallen als Ausdruck der physischen Gesundheit

Zähne gelten seit jeher als Zeichen der Wehrhaftigkeit, der körperlichen Reife und der Gesundheit. Spitze Zähne und Reißzähne verstärken diese Eigenschaften.

Als Besitzer gesunder Zähne gelten vor allem die Maus, das Eichhörnchen und der Fuchs, die bekanntlich eng mit dem Kreißl verbunden sind. Werden diese Tiere beim Ausfall der kindlichen Milchzähne mit Zaubersprüchen angerufen, sollen die zweiten Zähne »beinern«, ja sogar »eisern« werden.

Ebenso sind Krallen ein Zeichen für Aggression. Wer einem die Krallen zeigen kann, besitzt Macht. Auch Dämonen verfügen über entsetzliche Krallen und können so von jedermann Besitz ergreifen, was auch in sexueller Hinsicht möglich erscheint.

Auch Hasen besitzen Krallen. Außerdem aber verteidigen sie sich beim Kontakt mit Feinden oder bei Angriffen aus der Luft durch schmerzhafte, heftige Tritte mit ihren kräftigen Hinterläufen, wobei die Krallen tiefe Risse verursachen.

Wie an Präparaten deutlich zu sehen ist, wird der gehörnte Hase ebenfalls mit nadelscharfen Reißzähnen und eberähnlichen Hauern dargestellt. Sie verleihen ihm ein raubtierähnliches Aussehen. Damit symbolisiert er körperliche Reife, Wehrhaftigkeit, physische Gesundheit und ungesteuertes sexuelles Triebleben.

Flügel als Symbol der Schwerelosigkeit, der Schwanz als Zeichen der Kraft

Flügel waren bereits im Altertum das Symbol der Schwerelosigkeit, des »über den Dingen Seins« und der Freiheit. Ein geflügeltes Wesen kann von oben Schutz gewähren und gleichzeitig fast überall gegenwärtig sein. Nicht nur Himmlische und Überirdische sind geflügelt, auch Unterirdische und Dämonische.

Flügel sind somit Symbole des Geistigen und weisen auch auf eine gedankenschnelle Bewegung des Verstandes hin. Sie sind darüber hinaus ein Sinnbild für Begeisterung. So hat in antiken Kulturen das Dichterroß Pegasus Flügel, ebenso beflügelt sind die Sirenen mit ihrem begeisternden Gesang. Sie stellen Mischgestalten aus Jungfrauen und Vögeln dar. Bei den Musen finden sich die Flügel sozusagen »vergeistigt« am Haupt.

Der Schwanz versinnbildlicht Kraft, die als umso größer gilt, je länger dieser Körperteil ist. Es kommt auch auf seine Färbung und Buschigkeit an. Den Schwanz kupieren, d.h. stutzen, bedeutet hingegen, den Träger zu entmachten und zu entkräften.

Es ist daher nicht verwunderlich, daß gehörnte Hasen häufig auch geflügelt und mit einem buschigen Eichhörnchenschwanz versehen sind.

Haar und Speichel als Träger von Lebenskraft, von Lebens- und Heilstoffen

Dem Speichel des gehörnten Hasen wird die Fähigkeit zugeschrieben, beim Menschen den Haar- und Bartwuchs intensiv anzuregen. Das Haupthaar, wie auch der Bart, gelten seit alter Zeit als Träger der Lebenskraft und als Sitz des Lebens. Haare sind Lebensstoff und ein Zeichen der Männlichkeit. Dementsprechend führt der Raub des Haares zur geistigen und körperlichen Kraftlosigkeit. Außerdem stellt unfreiwillige Haarschur eine Beleidigung und Demütigung dar.

Wer nur eine Haarsträhne von einem anderen besitzt, kann angeblich den Menschen, von dem sie stammt, beeinflussen oder sogar verhexen. Wer eine Haarlocke verschenkt, vertraut damit einem anderen sein Leben an.

Freie und germanische Jungfrauen hatten als Zeichen der Freiheit langes Haar. Haare im Liebeszauber haben erotisch-sexuelle Bedeutung. Pulverisiert werden sie Getränken und Speisen beigemischt und sollen aphrodisiakische Wirkung haben.

Seit alters her bemüht man sich, den Verlust der Haare zu verhindern. Früher wurde Bären- oder Gänsefett, Hechtschmalz und Hundsmilch gegen Haarausfall verwendet. Der Speichel der Wolpertinger dient ebenfalls dazu, einen dichten Haarwuchs zu erhalten oder wiederzugewinnen, der ein langes, gesundes Leben erwarten läßt.

Von der Antike bis heute gilt der Speichel als heilend und unheilbannend. Er trägt Leben in sich, ist also Lebensstoff wie das Haar. Nach altem Glauben kann Speichel Böses töten. Im Aberglauben weiß man, daß Bespucken von Geld und In-die-Hände-Spucken segensbringend ist. Wer sich in die Hände spuckt, nimmt an, dies werde auf magische Weise seine Kräfte stärken.

Und so wie Bespucktes angeblich Unheil fernhält, muß es auch das Glück herbeiziehen. Von bespuckten Dingen weicht jede Verhexung. Dreimaliges Ausspucken verhindert angekündigtes Unheil.

Fett und Kraft: Fruchtbarkeitszauber und Heilmittel

Das Bauchfett des gehörnten Hasen wird als hervorragendes Kraft- und Potenzmittel angesehen. Sowohl durch Essen wie durch Einreiben entfaltet es seine Wirksamkeit.

Jedem Fett schreibt man in der Symbolik krafttreibende Wirkung zu,

Auch schlankwüchsige Wolpertinger produzieren das begehrte Wolpertingerfett.
Archiv: A. und G. R. Kaut

weshalb es auch als Sexualmittel angesehen wird. Fett und Fettgebäcke werden im Frühlingsbrauch und im Fruchtbarkeitszauber angewandt. Der Obstbaum wird reich tragen, wenn man ihn mit einem fettriefenden Krapfen im Munde küßt.

Im Heilzauber wird Fett von Tieren, besonders von Raubtieren, eine natürliche Heilwirkung zugeschrieben. Wunden und Mißbildungen bringt es angeblich zum Verschwinden.

Durch Einreibungen hofft man die Kräfte des jeweiligen fettspendenden Tieres zu erlangen. Reichlich Fett im Magen entzieht dem Körper alle Giftstoffe. Im Fett ist auch der Seelen- und Kraftstoff enthalten. So besitzen mit Fett eingeriebene Gegenstände magische Kräfte. Alle diese Bedeutungen verdichten sich im Fett des gehörnten Hasen, das eine besondere Zauberwirkung besitzen soll.

Für den Handwerker- und Bauernstand war der Besitz von großer Kraft schon immer erstrebenswert, dies sowohl für die tägliche anstrengende Arbeit, aber auch für das Ansehen fördernde Kraftproben wie Armdrücken, Fingerhakeln, das heißt Fingerreißen, Steineheben und Rangeln, eine Art Freistilringen.

Jagd und Jäger: Männliche Mutprobe und Suche nach sexueller Potenz

Hasen waren im Altertum der griechischen Jagdgöttin Artemis heilig und für Jäger schon immer ein angesehenes Wild. Die Jagd galt bereits in der Urzeit des Menschen als Mutprobe und war meist Sache des wehrhaften Mannes.

Wer im Angang, dem Beginn einer Jagd also, einem Hasen begegnet, hat dies als schlechtes Vorzeichen zu werten. Dagegen hilft nur zurückgehen, sich dreimal umzudrehen, auszuspucken oder sich zu bekreuzigen. Wer einen gehörnten Hasen jedoch in seine Macht bringt, hat sich damit »die Hörner abgestoßen«.

Der erfolgreiche Wolpertingerjäger erfährt eine Erhöhung seines Selbstwertgefühls, was ihm auch von seiten der Kameraden bescheinigt wird. Wer zum ersten Mal an einer Jagd teilnimmt und einen Hasen geschossen hat, wird über zwei zusammengestellte Sessel gelegt und unter Sprüchen des »Ältesten« durch den »Jägerschlag« mit einer Haselrute zum »waidgerechten Jäger« geschlagen, wie es noch 1954 in Niederösterreich Brauch war.

Wem es glückt, einen gehörnten Hasen zu fangen, erfährt größte Hochachtung, und jeder seiner Kameraden hat den Erfolgreichen einen Abend lang beim Trinken frei zu halten.

Natürlich ist ein derartiger Jäger ein Kundiger. Er kennt alle Kniffe, sich den gehörnten Hasen gefügig zu machen. So weiß er auch, daß Wolpertinger durch Baldrian angelockt und gleichzeitig beruhigt werden. Interessant ist in diesem Zusammenhang, daß Baldrian nach alter Heilkunde Krankheiten und Wunden heilt. Angeblich ist seine Heilkraft derart stark, daß er sogar »das Fleisch im Topf zusammenwachsen läßt«. Mit den übelriechenden Baldrianwurzeln können nach der Überlieferung böse Geister wie Hexen und Dämonen in Schach gehalten werden, weshalb Baldrian zu Recht auch beim Kontakt mit Wolpertingern eingesetzt wird.

Die Jagd nach Horn und Hase versinnbildlicht die Jagd nach sexueller Macht. Da ein unkundiger Jäger den Hornhasen meist aber nicht fängt, ist er zuerst ein Versager, wird aber dann von erfahrenen Jägern »aufgeklärt«.

Zum Dank hat er alle seine »Lehrer«

In der Nacht fühlt man sich leicht von dämonischen Wesen umgeben (Holzstich, 1861).

Mit Sack und Kerze versucht man sich des Wolpertingers zu bemächtigen.

noch mit einem Faß Bier freizuhalten. Sich dabei einen Rausch anzutrinken, ist keine Schande, galt doch schon im Altertum der Rausch als ein Zustand, in dem göttliche Kraft und Weisheit auf die Berauschten übergingen. Der reichliche Genuß von Bier verlängert der Überlieferung nach außerdem das Leben und trägt zur Verjüngung bei.

Der Trinkspruch »Prosit« (lat. »es möge nützen«) besagt, daß die Erfahrungen der Wolpertingerjagd dem erfolgreichen wie erfolglosen Jäger von Nutzen sein mögen.

Somit ist jede Wolpertingerjagd als »Initiationsritual« anzusehen, als Einführung in das Wissen um alle Dinge, entsprechend dem Spruch »Wissen ist Macht«. Wer damit vertraut gemacht ist, weiß sich einen gehörnten Hasen und damit die entsprechende Potenz zu verschaffen.

Die Jagd auf ein Horntier versinnbildlicht seit jeher den menschlichen Seelenzustand der Begierde, die erst durch gemachte Beute zufriedengestellt werden kann. Wer ein Gewehr und einen Hirschfänger als Waffe mit sich führt, bekundet damit Machtstreben. Wer eine Uniform trägt, die ihm bescheinigt, mit den Waffen waidgerecht umgehen zu können, wirkt kraftvoll. Wer sich mit Kerze und Sack auf die Jagd nach dem gehörnten Hasen begibt, symbolisiert eine potenzierte Potenz.

Der Blitz als Phallussymbol, der Donner als Zeichen für Zeugungskraft

In der Antike betrachtete man das Gewitter als heilige Hochzeit zwischen Himmel und Erde. Dabei sah man im Blitz den himmlischen Phallus, die Lanze des Göttervaters, und im Donner die göttliche Macht und Zeugungskraft. Durch den Blitz wurde auch eine geistige Kraft in dem wach, der davon getroffen wurde.

Wer Späne eines vom Blitz gespaltenen Baumes bei sich trug oder einen Donnerkeil, also einen keilförmigen Stein, der durch Blitzschlag entstanden war, erlangte große Kraft.

Blitz und Donner spielen auch in der Pirschjagd auf den gehörnten Hasen eine Rolle. Sie ist nur fünfzehn Tage vor einem zu erwartenden Gewitter sinnvoll und hat in einer Vollmondnacht stattzufinden. Dabei erhofft man sich wohl ein fruchtbares Ergebnis der Jagd und eine Verstärkung des Fruchtbarkeitszaubers, den ein gehörnter Hase auszustrahlen vermag.

Nach altem Glauben holen Hunde Blitze herbei. Auch gehörnte Hasen scheinen sie durch ihr Nahen anzuziehen. Wie kündigt sich nach alten Überlieferungen aber ein Gewitter an? Der Schrei eines Spechtes soll darauf hinweisen. Ein Gewitter allerdings gleich 15 Tage vorauszusehen, gelingt heute noch nicht einmal geschickten Meteorologen und auch der »Hundertjährige Kalender« ist diesbezüglich nicht immer ganz zuverlässig.

Angeblich kann man aber Gewitter herbeirufen, wenn man eine Dotterblume oder Günsel wiederholt abreißt. Auch Menschen, die Gliedmaßen verloren haben, spüren durch zunehmende Schmerzen in den fehlenden Körperteilen, die sie angeblich noch empfinden können, nahende Gewitter oft langfristig voraus.

Golden spiegelt sich das Mondlicht in Pelz und Gefieder eines Wolpertingers. Archiv: A. und G. R. Kaut

Nacht und Mond: Symbole für Chaos und Dämonie, Sinnbilder für Geburt und Wachstum

Die Nacht war seit jeher die Zeit des Kampfes zwischen Licht und Dunkelheit und als solche ein Symbol des Chaotischen. In der Finsternis verbirgt sich auch leicht Dämonisches und moralisch Schlechtes gedeiht in ihr besonders.

In dieser Zeit aber kann man sich auch gut verbergen und ist vor Entdeckungen geschützt. Dinge, die man nicht sehen soll oder will, bleiben nachts im Dunkel. Sie werden gleichsam unsichtbar.

Andererseits enthält die Nacht stets auch die Möglichkeit zum Werben. Ein orphischer Hymnus feiert die Finsternis als »die Gebärerin von Göttern und

Menschen«. Sie ist auch der Zeitraum, in dem sich Liebende häufig körperlich vereinigen.

Die Nacht gilt auch als gefährlich, weil in ihr angeblich Alben, Mahre, Kobolde, Druden und andere böse Geister umgehen. Alle Arbeiten müssen deshalb tunlichst bis zum Sonnenuntergang verrichtet sein, sonst setzt man sein Glück aufs Spiel.

Die dunkle Zeit bis zum ersten Hahnenschrei hält man seit jeher aber auch für eine günstige Phase, da in ihr Zauber- und Heilkräfte besonders gut zur Wirkung kommen können. So soll das um Mitternacht geschöpfte Wasser außergewöhnliche Wunderkräfte für Mensch und Tier haben.

Die Nacht ist nicht nur als Symbol für »geistige Umnachtung« zu verstehen, sondern auch als der Zeitraum, in dem einem ein Licht aufgehen kann. Nach Novalis ist die Nacht »der Offenbarung fruchtbarer Schoß«. In der Nacht erschließen sich also tiefe Geheimnisse oft eindringlicher.

Für die Jagd auf den gehörnten Hasen ist die Nacht gleichsam Vorbedingung. Seine Dämonie kann sich hier einerseits voll entfalten, andererseits bleibt die Unmoral, die einer derartigen Pirsch anhaftet, im Dunkeln. Beute und Jäger können sich verbergen und sind nicht so leicht zu entdecken. Treffen sich beide, bleiben ihre Kampfeshandlungen unerwünschten Blicken entzogen. Jäger von Hornhasen, die oft als geistig beeinträchtigt, unwissend oder ahnungslos angesehen werden, sei es infolge des oftmals vorausgegangenen reichlichen Alkoholgenusses, oder ihrer naiven Gutgläubigkeit, können gleichsam durch das wolkendurchbrechende Vollmondlicht geistig belichtet werden. Deshalb wird für eine Jagd nach dem gehörnten Hasen stets auch eine vollmondhelle Nacht gefordert.

Vollmondnächte gelten als Glücksnächte und als Phasen der Fruchtbarkeit. Wer in ihnen tanzt, lockt nach altem Glauben die Erdgeister herbei, da zu dieser Zeit die Erdkruste sehr dünn ist. Wer im Mondschein jagt, erbeutet bisweilen nur Gespensterwild, das sich am Tag plötzlich in Luft auflöst.

Das Wort Mond geht übrigens auf das lateinische Wort »Luna«, das heißt »Laune« zurück, weil nach Ansicht der mittelalterlichen Astrologen die Stimmung des Menschen in starkem Maße vom Mondwechsel abhing. Auch die Launen der Natur kämen demnach besonders in klaren Vollmondnächten zum Ausbruch. Der Mond mit seinen Mondphasen wird mit dem zyklischen Werden in Verbindung gebracht, über das sein Wechsel gebietet und ist somit Symbol für Geburt und Wachstum, aber auch für Tod und Auferstehung. Demnach gilt er als Lebens- und Fruchtbarkeitssymbol und ist als solches schicksalsbestimmend.

Abnehmender Mond und Mondfinsternis sind ungünstige Zeichen, Neu-

und Vollmond günstige. Daran knüpft auch die Verbindung des Mondes mit dem Horn an, das animalische Kraft und überirdische Ausstrahlung verheißt. Im Volksmund ist der Mond »die Frucht, die sich selber erzeugt«.

In den Mondflecken sieht man nach alter Vorstellung zuweilen auch den Hasen, was abermals eine Verbindung zwischen Nacht, Mond, Horn und Hase herstellt.

Sack und Kerze: Behälter des Lebens und Sinnbild für Fruchtbarkeit

Zur Wolpertingerjagd benötigt man einen Kartoffelsack und eine Bienenwachskerze. Die brennende Kerze wird vor den Sack gestellt, dessen Öffnung durch einen Stützstab offengehalten wird. Angelockt durch den Lichtschein und den Duft von alten Kartoffeln schlüpft der gehörnte Hase in den Sack und ist gefangen.

Der Sack als Behälter hat in der Sexualsymbolik eine Entsprechung im männlichen Skrotum, im Hodensack. Hier ist der Entstehungsort der männlichen Fruchtbarkeit.

In der Fruchtblase, einem sackähnlichen Gebilde, wächst Leben heran. Bei Beuteltieren verleben die Jungtiere ihre erste Lebenszeit in einem Beutel, einem Sack.

Ein Sack im Wald bedeutet in unbewußten Träumen den durch Haare verborgenen Schambereich, also gleichsam eine Tabuzone.

Die Kerze ist wie vieles andere ein Leben spendendes, phallisches Symbol, das im Zusammenhang mit dem Sack eine eindeutige Aussage hat.

Das Licht der Kerze erinnert an das Lebenslicht. Licht ist ein wärmendes, reinigendes Element. Ist der Kerzenschaft mehr dem Triebleben zuzuordnen, so steht das Licht mehr im Bereich der Fortpflanzung und des Entstehens von neuem Leben. In diesem Sinne spricht man auch von »Lebenslicht«. Licht ist auch ein Sinnbild für unermüdliche Wachsamkeit und geistige Regsamkeit.

Bienenwachs galt schon in alter Zeit als Erzeugnis der heiligen und heilenden Bienen. Die heilige Biene flieht das Unreine. Sie symbolisiert jungfräuliche Fruchtbarkeit, da man in der Antike glaubte, daß Bienen ihre Brut nicht zeugen, sondern von den Blüten sammeln. Die Biene versinnbildlicht die den Tod überwindende Kraft der Auferstehung.

Die Fanggeräte, die für die Jagd auf den gehörnten Hasen erforderlich sind, verraten demnach eine recht eindeutig auszulegende Symbolik, die im Zusammenhang mit den anderen Elementen deren Aussage noch verstärkt.

VI.
Die soziokulturelle Wirkung des gehörnten Hasen

Zweifellos existieren viele interessante Themen, die in der Öffentlichkeit mehr im Gespräch sind als der gehörnte Hase. Es ist aber auch bekannt, daß oft die Elemente, die wenig beachtet werden, mehr kulturelle Auswirkungen auf Gemeinschaften haben als jene nur scheinbar zentral empfundenen Bereiche.

So ist die prägende Wirkung von Fabelwesen in allen Kulturkreisen unumstritten. Sie betrifft sowohl den individuellen seelischen Zustand, prägt aber auch das Denken von ganzen Volksgemeinschaften, so daß auch philosophische Fragen dadurch angesprochen werden.

Besonders interessant ist die Einstellung der Jäger, die bekanntlich mit Wild aller Art befaßt sind und auch zum gehörnten Hasen Stellung zu beziehen haben. Nicht zuletzt ihrem Verhältnis zu diesem Phänomen ist es zuzuschreiben, wie der gehörnte Hase in verschiedenen Volksbräuchen zur Entfaltung kommen kann.

Wie verschlungen sich das soziokulturelle Geflecht in Bezug auf den gehörnten Hasen mittlerweile darstellt, soll im folgenden aufgezeigt werden.

Die Wirkung von Fabelwesen

Geschöpfe, die vom Menschen erdichtet wurden, heißen Fabelwesen. Ihr Körper setzt sich häufig aus zwei bis drei anderen Tieren und deren Eigenschaften zusammen. Die Ursachen für ihren geistigen Schöpfungsprozeß sind häufig unbewußte Wünsche, in einem Wesen mehrere geschätzte Merkmale anzuhäufen. Auch wird durch die Erfindung Macht demonstriert. Wer einem Fabelwesen als erster begegnet ist – wenn auch nur in der Phantasie –, hebt sich aus der Masse der übrigen Menschen durch diese einmalige Erfahrung heraus. Er wird bewundert, beachtet und sein Name ist in aller Munde. Er wird gleichsam stellvertretend für das nicht zu besichtigende, da nicht existierende Fabelwesen bestaunt.

Kann der Erfinder sein Wesen noch in dramatischen Erlebnisberichten, beeindruckenden Bildern oder Teil- bzw. Ganzpräparaten präsentieren, nimmt die Beachtung, die man seiner Person entgegenbringt, weiter zu. Zeugen verstärken die Glaubwürdigkeit seiner Berichte.

Fabelwesen sind somit ein Indiz sowohl für die reiche Phantasie seines Schöpfers, aber auch für dessen Geltungsbedürfnis. Einmal in die Welt gesetzt, entwickeln sie oft ein höchst eigenwilliges Eigenleben.

Die seelischen Aspekte des gehörnten Hasen

Betrachtet man abschließend das Phänomen des gehörnten Hasen und seine Bedeutung für den, der sich mit diesem Mythos beschäftigt und ihn in sein Leben eingliedert, scheinen bei fast allen auftauchenden Begriffen sexuell-erotische Grundelemente auf. Dabei spielen immer wieder Symbole der Fruchtbarkeit, der Potenz, der Liebe, des animalisch artwidrigen Fortpflanzungstriebes, der Inbesitznahme, der Aggression und der Männlichkeit eine erhebliche Rolle.

Seit frühester Vergangenheit haben abergläubische Vorstellungen schon den Menschen begleitet. Und auch in unse-

Oben: Das Elefantenschaf (Holzschnitt von Matthäus Franck, um 1567) – Mitte: Die Bestie Su (Gesner, um 1563) Unten: Holzschnitt eines Seehundes aus dem Jahr 1482; alle zusammen geradezu archetypische Seelenbilder

rem aufgeklärten Wissenschafts- und Technikzeitalter sind viele immer noch nicht dagegen gefeit. Für manche sind sie ein wesentlicher Teil des Lebens, die sogar häufig bei der Bewältigung von Alltagssituationen mithelfen.

Auch bei einem vermeintlich unsinnigen Phänomen, wie dem des gehörnten Hasen, spielen symbolische Grunderfahrung und eine ihr entsprechende Handlungsweise eine nicht unwesentliche Rolle. So ist der Glaube an die Kraft des Hornhasenspeichels und -fettes für viele ebenso selbstverständlich wie die Einhaltung der geforderten Regeln bei der Wolpertingerjagd. Das Vertrauen auf die glückbringende Wirkung eines gehörnten Hasen, der im Zimmer steht, wird von Generation zu Generation weitergegeben, ohne daß man vielfach noch weiß, wo die Ursprünge für diesen Glauben liegen.

Gelingt es einem Bayern, einen Norddeutschen mit dem Wolpertinger hereinzulegen, sei es, daß er ihn durch das lebensechte Aussehen des gefangenen Tieres zum Glauben daran bringt, oder ihn zur Mitwirkung bei der Jagd überredet, kann er dem »Zugereisten« seine Überlegenheit zeigen und damit die ihm oft eingeredeten Minderwertigkeitsgefühle kompensieren.

Aber nicht nur bei Zugereisten, auch bei Naturforschern und hohen jagdkundigen Herren, die sich dem einfachen Volke überlegen fühlen, funktioniert dieses Spiel, lassen sich doch auch diese nicht selten an der Nase herumführen und geben damit dem, der dies bewerkstelligt hat, ein Gefühl tiefster Genugtuung.

Für die Bayern ist der gehörnte Hase ein Sinnbild dafür, daß sie etwas haben, was den übrigen deutschen Volks-

Der gehörnte Hase ist längst ein unverzichtbares Element der bayerischen Psyche.

Der Wolpertinger als Seelenwesen faszinierte seit jeher auch die Tiefenpsychologie.
Archiv: A. und G. R. Kaut

stämmen, die sich ihnen in vieler Hinsicht oft überlegen wähnen, fehlt. Damit zeigt sich deren Dünkel rasch als hohl, recht fragwürdig und bestärkt den Bayern in seinem Selbstwertgefühl.

Spricht Freud von dem weiblichen »Penisneid«, könnte der Bayer von dem norddeutschen »Wolpertingerneid« berichten, und so wie ersterer männliche Unterlegenheitsgefühle kompensieren hilft, so beseitigt letzterer bayerische Minderwertigkeitskomplexe.

Wie aus den vorangegangenen Ausführungen zu ersehen ist, haftet dem gehörnten Hasen bezüglich seiner Existenz in der Psyche der Bayern eine urwüchsige Sinnlichkeit und Animalität an, wie sie auch schon Ludwig Thoma diesem Volksstamm bescheinigt, wenn er schreibt: »Die Freuden der Liebe nicht für unmenschlich süß zu halten, das

In der Seele, jener Welt die wir uns selber schaffen, fühlen sich auch Wolpertinger äußerst wohl. Archiv: A. und G. R. Kaut

Animalische daran nicht zu vergessen, um eingedenk zu bleiben, daß diese Dinge der Jugend gut, dem Alter schlecht anstehen, das zeugt von dem prachtvollen Humor, der Gesundheit und der Tüchtigkeit des altbayerischen Stammes, der darüber die Gebote der Sittlichkeit keineswegs vergessen hat.«

Nimmt man alle Elemente des gehörnten Hasen zusammen, so ziehen sich gleichsam die Begriffe »Fruchtbarkeit, Sexualität, Macht, Potenz« wie ein roter Faden durch dieses bayerische Phänomen, das insofern ein Symbol der Seele dieses Menschenschlages darstellt.

Es ist erstaunlich, wie von zufälligen Beobachtungen und Visionen in der Natur angeregt, ein sich stetig verdichtender Komplex geschaffen wurde, der als Spiegelbild innerster, oft unbewußter Regungen angesehen werden muß.

Elemente wie Hase, Horn, Bock und Marder, Keiler und Biber, Fuchs und Wildkatze, Eichelhäher und Eule, Ente und Hecht, Huhn und Ei, Zähne und Krallen, Flügel und Schwanz, Haar und Speichel, Fett und Kraft, Jagd und Jäger, Blitz und Donner, Nacht und Mond und schließlich Sack und Kerze bilden ein fast mythologisch zu nennendes Kompendium, das seine Entsprechungen im Un- und Unterbewußten der bayerischen Psyche findet.

Reale, durchaus ernstgemeinte Empfindungen werden spielerisch in skurrile Phantasiegespinste aufgelöst, wenn nicht sogar kreativ aufgearbeitet.

Wer auf die Wolpertingerjagd hereinfällt, wird so zum Beispiel a priori zum sexuellen Versager und muß als Unterlegner eine Unterwürfigkeitsgeste, eine Opfergabe anbieten: ein Faß Bier.

Wer nicht versagen will, braucht einen Beweis seines Erfolges. Er zeigt einen Wolpertinger in Schreckstarre als Beutestück und brüstet sich mit seinem Jagderfolg. Da ein derartiges Exemplar auch käuflich zu erwerben ist, ist er nur vorgetäuscht. Wer erfolgreich ist, demonstriert damit seine absolute Potenz, da er Unmögliches geleistet hat, das kaum einem sonst gelingt. Das Wolpertingerpräparat steht symbolisch für seinen Besitzer und bringt ihm als Amulett immer wieder Glück. Er hat mit dem Hasenbock, dem Wolpertingerfett und -speichel sogar eine Art Lebenselixier, diese Potenz weiter zu erhalten. Sie stellen ihm Lebens- und Liebeskraft, Männlichkeit, sexuelle Potenz, animalische Fruchtbarkeit und Seelenstärke, Aggressivität und sexuelle Freizügigkeit, ausgeprägte Phalluserscheinung, Macht, Abwehrkraft, physische Überlegenheit, Gesundheit und Stärke, Wunderkraft, Glück in Liebe und Beruf in Aussicht.

Vom Besitzer geht eine zauberische Ausstrahlung aus. Er besitzt Hexenkraft, Heilwissen und Heilmittel in einem. Er hebt sich aus der Normalität durch eine unglaubliche, wenn auch letztendlich nur glaubhaft vorgetäuschte Leistung hervor, wie das beispielsweise auch viele Politiker meisterhaft beherrschen.

Die philosophischen Aspekte des gehörnten Hasen

In der Philosophie bedeutet Glaube »das Für-wirklich-Halten eines Seienden oder das Für-wirklich-Halten eines Seienden ohne Beweis. Es rührt aus einem Vertrauen, das keinen Beweis verlangt.«

Auch bezüglich des Phänomens des »crisensus crisensus« wird dieses Vertrauen vorausgesetzt, obwohl die Existenz dieses Wesens paradox erscheint, das heißt als widersinnig in Bezug auf die Vernunft. Es gilt hier aber Tertullians *credo quia absurdum est*– »ich glaube, obwohl es unsinnig ist«. Diesem Glauben ist gleichwohl der Zweifel innewohnend, das heißt, die Infrage-

stellung der Behauptung, es gäbe Wolpertinger. Der Zweifel daran steht in der Tradition Descartes, der radikal an allem zweifelte, was er bisher als gültig annahm, einschließlich der Gewißheit seiner eigenen Existenz. Nach ihm müßte also nicht nur das Vorhandensein von Wolpertingern bezweifelt werden, sondern die Existenz des Menschen überhaupt. Vielleicht ist auch der Mensch nur ein Traum- oder Phantasiegeschöpf, also eine Bewußtseinserscheinung oder Vorstellung ohne Entsprechung in der Realität. Damit wäre der Mensch dem Wolpertinger ebenbürtig.

Oben: Der gehörnte gefleckte Hase auf der Flucht (Kupferstich, um 1790). Unten: Der gehörnte gefleckte Hase in Lauerstellung (Adriaen Collaerts, um 1612).

*Glaube, Zweifel und Phantasie –
Wolpertinger regen diese Bereiche in uns ständig an.
Archiv: A. und G. R. Kaut*

Dieser Sachverhalt regt zur Meditation an, zur sich versenkenden Betrachtung eines schönen oder erbaulichen Gegenstandes, wie es zweifellos der Kreiß ist. Es verwundert deshalb nicht, daß der gehörnte Hase auch in den Zen-Buddhismus Eingang gefunden hat.

Zen-Meister wählen in oft paradoxen Aktionen und Aussprüchen nächstliegende, aus der Situation gegriffene Dinge. Ein solches hat den Charakter eines blicköffnenden Hinweises oder Anstoßes für die eigene Einsicht des Schülers und kann ein Exemplum oder Simile sein – »Symbol« läßt es sich nur in sehr weitem Sinne nennen. Viele dieser Vorgänge und Aussprüche bekamen die Funktion von Koan (Meditationsaufgaben).

Wenn etwa im ersten Koan des Wumen-kuan (Paß ohne Tor; 1228) auf die Frage: »Hat auch ein kleiner Hund das Buddha-Wesen?« erwidert wird: »Wu« (»nicht« im Sinne der Transzendierung von ja und nein), so ist der Hund nicht Symbol, sondern zufälliges Beispiel.

Es gibt im Zen-Buddhismus viele Unmöglichkeiten: a) ein gehörnter Hase, b) eine Blume, die in den Himmel wächst, c) eine unfruchtbare Frau, die ein Kind hat, d) eine Schildkröte mit Haaren auf dem Panzer.

Welcher Jäger würde nicht gerne ein derartiges Wunderwesen erbeuten?

Über diese unmöglichen Behauptungen meditiert man nun und überlegt, ob es sich lohnt, dazu Fragen zu stellen und Antworten zu finden. Diese Meditationsaufgaben haben stärkende Kraft für die Seele.

Wie sich erkennen läßt, ist der Wolpertinger bestens geeignet, Gegenstand philosophischer Betrachtung zu sein, da Philosophie stets der gesamten Wirklichkeit, auch der gedachten, nur vorgestellten, fragend gegenüber steht. Gerade Wolpertinger provozieren das denkende Suchen nach Wesen, Zusammenhang, Grund und Sinn des Seienden, also eben nach Philosophie schlechthin. Eine ihrer Quellen ist die Verwunderung, daß überhaupt etwas ist und daß es so ist, wie es ist. Ihr ist nicht voreiliges Ablehnen von fragwürdigen Vorstellungen eigen, sondern aufgeschlossene Aufnahme auch scheinbar völlig absurder Vorstellungen.

Die Ranzzeit, das Werfen der Jungen, die Aggressivität der Wolpertinger – alles regt die Phantasie erstaunlich an.

Die Einstellung der Jäger

Jäger betrachten den gehörnten Hasen nicht als Jägerlatein, da sich dies ausschließlich auf real mögliche Erlebnisse bezieht, die allerdings so glaubhaft übertrieben werden müssen, daß Zuhörer dem Erzählten Glauben schenken.

Wolpertingererzählungen sind hingegen für den Jäger nur ein Spaß. Sie haben zudem die positive Nebenerscheinung, mißliebige Personen, die im Wald

lärmen oder wildern, von diesen Angewohnheiten abzuhalten. Der Wolpertinger als abschreckendes Wesen hilft somit dem Waidmann durchaus bei Hege und Pflege von Wild und Forst.

Wolpertingerpräparate sind dem Jäger ein Greuel, da es sich hier um zusammengeflickte Pseudotrophäen handelt, die ein Jäger strikt ablehnt. Er bewundert höchstens die gute Arbeit des Präparators, jedoch niemals ein derartiges Präparat.

Das Sprichwort »Wer den Hasen nicht ehrt, ist des Bockes nicht wert«, weist auf zwei der hierzulande beliebtesten jagdbaren Tiere hin. Die Vermischung von Hase und Bock, womöglich noch von Gemse, Marder und anderen Tieren, läßt den Jäger in der Vorstellung schwelgen, zwei Tiere oder mehr in einem zu erjagen, was besondere einmalige Jagdtrophäen ergeben könnte.

Waidmänner haben zum gehörnten Hasen, wie man sieht, ein recht zwiespältiges Verhältnis. Offiziell lehnen sie ihn entschieden ab, in ihrem Innersten aber hat er einen festen Platz.

Der gehörnte Hase im Volksbrauch

Das Wort »Brauch« bedeutet schon in der Sprache des ausgehenden Mittelalters »Sitte, Gewohnheit, Überlieferung«, Brauch ist also das Tun einer Gemeinschaft, das durch Herkommen verpflichtend ist und hoch gehalten wird. Es ist nichts anderes als ein in die Tat umgesetzter Gemeinschaftsglaube.

Im Fall des gehörnten Hasen dienen die sich um ihn rankenden verschiedenen Bräuche primär der Belustigung, sekundär aber ist damit ein Volksglaube verbunden, der die sich diesem Brauch verpflichtet Fühlenden dazu veranlaßt, allen überlieferten Gepflogenheiten mit einem gewissen Ernst nachzukommen.

So weiß man, daß ein Wolpertinger in Schreckstarre im Heim glückbringend ist und Unheil fernhält. Die Teilnahme an einer Wolpertingerjagd, wobei alle Vorschriften genau eingehalten werden, verbindet erst mit der Gruppe. Das tiefere Wissen um Sein und Bedeutung der einzelnen Elemente, wie sie in diesem Buch beschrieben sind, gibt letztendlich erst die »höhere Weihe«.

VII.
Zukunftsperspektiven für den Wolpertinger

Nachdem in den vorausgegangenen Ausführungen verdeutlicht wurde, in welcher Tradition der gehörnte Hase zu sehen ist, sollen abschließende Überlegungen angestellt werden, welche Aussichten in Zukunft diesem phänomenalen Wesen beschieden sind.

Ist der häufig vorausgesagte Tod des gehörnten Hasen bereits unabwendbar oder läßt er sich durch gezielt greifende Maßnahmen verzögern, womöglich gänzlich abwenden?

Die immer vehementer gestellten Forderungen »zurück zu den Wurzeln« und »Befreiung des Brauchtums von überflüssigem, ja schädlichem Beiwerk« stellen zweifellos einen wirkungsvollen Ansatz dar, das Verschwinden des Wolpertingers aus unserem Kulturkreis zu blockieren.

Der vielfältige Tod des gehörnten Hasen

Droht der gehörnte Hase nach einer so wechselhaften, von vielen Unterbrechungen und Komplikationen gekennzeichneten Entwicklung bereits wieder auszusterben? Diese bange und zugleich alarmierende Frage haben Kulturhistoriker, Brauchtumspfleger und nicht zuletzt auch der Bund Naturschutz in Bayern gestellt. Denn der gehörnte Hase ist nach verschiedenen Untersuchungen bereits drastisch in seinen Beständen reduziert.

Manche glauben, daß es für diesen Tatbestand gemäß dem Sprichwort: »Viele Hunde sind des Hasen Tod«, mehrere Ursachen gäbe. Ist das wirklich der Fall? Einige Forscher behaupten, gut ein Drittel des geschätzten Frühjahrsbestandes der gehörnten Hasen würde jährlich auf den bundesdeutschen Autostraßen ums Leben kommen. Bis zu 50 Prozent der Jungkreißl verlören ihr

Nicht die Ausweitung des Autoverkehrs, noch die leidigen Probleme der modernen Landwirtschaft, auch nicht der zunehmende Verlust des Lebensraumes setzen dem Wolpertinger derart zu, wie dies die geistig-seelische Verarmung des Menschen tut.
Archiv: A. und G. R. Kaut

Leben bei der Mahd der Wiesen und beim Umpflügen der Äcker. Viele junge, aber auch alte Wolpertinger würden direkt durch das Überhandnehmen von Spritzmitteln vergiftet.

Dies trifft jedoch auf den Wolpertinger in keiner Weise zu, da es bisher kein einziges nachgewiesenes Opfer des Straßenverkehrs gibt. Auch die angeführten landwirtschaftlichen Maßnahmen bilden für Kreißl keine Gefahr.

Hauptursache für den Rückgang ist nach Ansicht einiger recht umstrittener Experten, wie bei der Mehrzahl der Tier- und Pflanzenarten, der Verlust des Lebensraumes. Dem Wolpertinger als relativ standortgebundenem Tier müsse dieser Lebensraum Nahrung und Unterschlupf zu jeder Jahreszeit bieten. In einer vielfältig strukturierten bäuerlichen Landschaft mit kleinen Feldern, unterschiedlichsten Kulturen wie Hecken, Feldgehölzen, Feldrainen und Brachflächen habe der gehörnte Hase in der Vergangenheit geradezu ideale Lebensbedingungen gefunden. Durch die Umstrukturierung der Landwirtschaft und der Landschaft sei dieser Lebensraum verloren gegangen. Die Hecken und Feldgehölze wurden gerodet, die Raine und Brachflächen umgeackert und die kleinen Felder während der Flurbereinigung in große zusammengefaßt. In einer ausgeräumten, durch Monokulturen geprägten Landschaft fände der gehörnte Hase zu wenig Nahrung.

Untersuchungen der Forstbehörden haben jedoch gezeigt, daß der Kreißl auch von diesem Phänomen nicht betroffen ist. Es handelt sich ebenfalls um eine falsche Annahme, daß die gehörnten Hasen durch Einsatz von Chemikalien keine Wildkräuter – abfällig Unkraut genannt – mehr fänden, da diese nicht zu ihrer Hauptnahrung zählen. Deshalb trifft auch für sie folgende oft lautstark geäußerte Forderung nicht zu: Nur durch eine nachhaltige Verbesserung seines Lebensraumes könnte der Wolpertinger vor einem weiteren Aussterben bewahrt werden. Dies wäre durch die Pflanzung von Hecken und Feldgehölzen möglich, ebenso durch Schaffen und Erhalten von ungenutzten Flächen und Feldrainen, auf denen sich auch Wildkräuter als Nahrungsgrundlage entwickeln können. Auch der Einsatz von Chemikalien in der Landwirtschaft sollte drastisch verringert werden.

Dies alles mag mit Rücksicht auf die vielen anderen bedrohten Tier- und Pflanzenarten durchaus zutreffen. In Bezug auf den gehörnten Hasen jedoch stellt die Erfüllung dieser Forderungen keine Voraussetzung für sein Überleben dar.

Für das drohende Aussterben der Wolpertinger ist einzig die gleichgültige Einstellung weiter Kreise der Öffentlichkeit maßgeblich verantwortlich, die unter der erschreckend zunehmenden

Phantasiearmut und der drastisch abnehmenden Fabulierfreude nicht einmal zu leiden scheinen. Ihnen ist der gehörnte Hase bestenfalls gleichgültig, weitaus häufiger aber halten sie den Kreiß für ein entbehrliches Unsinnsprodukt versponnener Schnurrenerfinder, dessen Verlust deshalb auch klaglos zu verschmerzen sei.

Eine derartige Auffassung wirkt für den Wolpertinger wie ein Todesstoß. Eine Änderung dieser negativen Einstellung ist nur zu bewirken, wenn der gehörnte Hase von den maßgeblich mit ihm befaßten Institutionen wieder ernster genommen wird und seine ökologisch und soziokulturelle Bedeutung auch mittels entsprechender Maßnahmen des Gesetzgebers wieder deutlicher in das Bewußtsein der Öffentlichkeit gerückt wird.

Die Bewahrung der »reinen Lehre«

Den Grundelementen der Geschichte um den »gehörnten Hasen« wurden im Laufe der letzten Jahrzehnte zunehmend Erweiterungen angefügt. Dabei muß man unterscheiden, welche davon erlaubt sind, da sie auf möglichen Beobachtungen oder symbolisch fundierten Erkenntnissen beruhen oder welche nur als sinnlose Zusätze angesehen werden müssen, da sie als Lust am Nonsens und am freien Phantasieren entstanden sind.

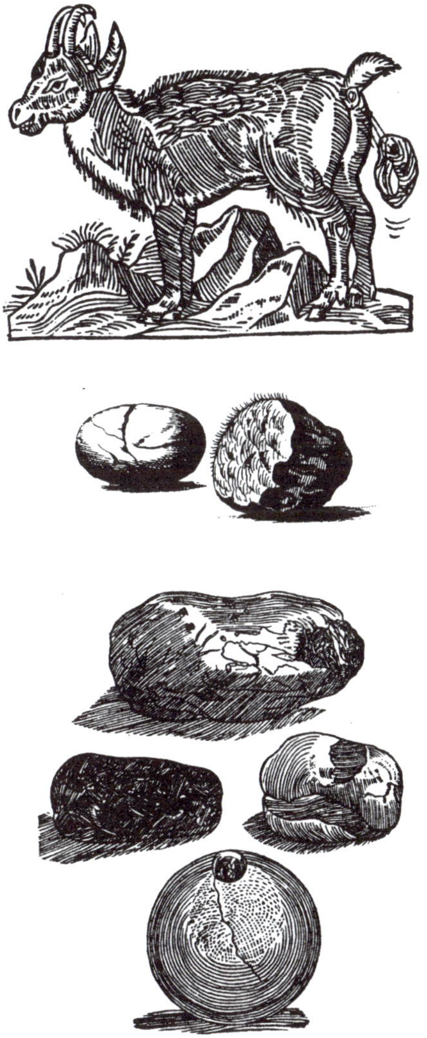

»Eierlegende Gemse« (oben), darunter Gemskugeln aus Adam von Lebenwalds »Damographia« (1694) und Conrad Gesners »Thierbuch« (1569).

Phantasie scheint etwas zu sein, das sich manche Leute gar nicht vorstellen können, da sie sich von der Zwangsjacke der Logik nicht mehr befreien können. Zu Wolpertingern finden solche Menschen keinen Zugang.
Archiv: A. und G. R. Kaut

Zunächst seien stichwortartig bekannte und erlaubte Ausweitungen angeführt. Sie alle nehmen auf das Urbild des gehörnten Hasen und die über ihn bekannten Tatsachen ernsthaft Bezug.

So werden von erstklassigen Präparatoren hervorragende Stücke geschaffen, die oft Merkmale von bis zu fünf verschiedenen Tieren enthalten, die aber so gekonnt arrangiert sind, wie sie am gehörnten Hasen im Laufe seiner

Entwicklung durchaus entstehen hätten können. Von jeglichem albernen Beiwerk, wie z.B. einer Pfeife in der Pfote, einem Hut auf dem Kopf oder ähnlichem ist natürlich zu Recht nie etwas zu sehen.

Berichte, daß Wolpertinger von Gemsen gelegte Eier verzehren, sind zulässig, liegen sie doch niveaumäßig auf derselben Ebene wie die Informationen über den gehörnten Hasen selbst.

Entdeckungen, daß der Kreis oder Kreißl, wie der Wolpertinger auch genannt wird, deshalb so heißt, weil sein rechter, manchmal auch linker Hinterfuß etwas kürzer ist, weshalb er sich bei langsamem Tempo kreisförmig fortbewegen muß, sind verdienstvoll. Auch die Gründung von Wolpertingerakademien, -vereinen und -clubs und deren ernsthafte Forschungsarbeiten sind lobenswert.

Besonders störend wirken auf den, der sich engagiert um den gehörnten

Hasen bemüht, folgende unschönen Auswüchse. So werden präparierte Wolpertinger mit Strickzeug, Stöcken, Laternen und anderem Beiwerk in den Pfoten, mit Rucksäcken oder Körben auf dem Rücken ausstaffiert und ähneln damit eher Gartenzwergmonstern als Wolpertingern.

Manche Präparatoren meinen es angeblich besonders gut, wenn sie den gehörnten Hasen zusätzlich mit Teilen von bis zu zehn anderen Tieren versehen, aber durch diese unerlaubte Häufung wird sein Wesen nur verunstaltet und der Lächerlichkeit preisgeben.

Weniger schädlich sind zweifellos der Nippes und die vielen mit Wolper-

Viele Bayern mögen bei der täglichen Brotzeit die Anwesenheit eines Wolpertingers nicht mehr missen, seit sie wissen, daß dadurch der Verzehr selbst beträchtlicher Mengen kalorienreicher Nahrungsmittel und hochprozentiger alkoholischer Getränke zu keinerlei organischen Verstimmungen führt.
Foto: Gerd Pfeiffer

tingern bedruckten Andenken, sofern sie die Darstellung des gehörnten Hasen nicht zu extrem verzerren.

Auch Geschichten, die beim Hörer nur ein gequältes Lächeln hervorlocken, sollten unterbleiben. Wem nützt es beispielsweise, zu hören, daß ein Wolpertinger sich verkleidet hat und seit einiger Zeit im Münchener Stadtrat eine anerkannte Persönlichkeit darstellt? Oder was soll eine Schilderung, in der jemand im Brustton der Überzeugung behauptet, daß Wolpertinger gerne das Oktoberfest besuchen und bei Verkehrskontrollen schon des öfteren von der Polizei mit zuviel Promille im Blut erwischt worden seien. Auch alberne Jagdmethoden sollte man nicht verbreiten.

Wer glaubt schon, daß man einen Wolpertinger fangen kann, wenn man ein Fernsehprogramm einschaltet, in dem hübsche Häschen, also freizügig gekleidete Mädchen, zu sehen sind? Angeblich sollen die Wolpertinger dann durch ein offen stehendes Fenster ins Zimmer springen und leicht zu fangen sein.

Ähnliche Negativbeispiele ließen sich endlos aufzählen. Ausgehend von der »reinen, ursprünglichen Lehre« des gehörnten Hasen wird jeder, der bereit ist, sich in diese Thematik weiter zu vertiefen, mit der Zeit eine Sensibilität dafür entwickeln, was als Ausweitung der reinen Lehre vom gehörnten Hasen noch sinnvoll ist und welche Versuche entschieden abzulehnen sind. Wenn es auf diese Weise gelingt, die Symbolkraft und die volkskundliche Bedeutung des gehörnten Hasen im Bewußtsein der Bevölkerung zu erhalten und bereits angerichtete ideelle Schäden zu renovieren, wird das Wissen um dieses prächtige Wesen auch weiterhin psychisch erfrischend wirken können.

Sollte es aber durch geistlose Verzerrungen und niveauloses Umgehen mit diesem Mythos zu weiteren Verunstaltungen kommen, werden diese Vernichtungstendenzen – ob bewußt oder unbewußt gehandhabt, das spielt dabei keine Rolle – schließlich zum längst befürchteten Aussterben des gehörnten Hasen in Bayern und damit in der Welt führen.

Zur Geschichte des gehörnten Hasen und des Wolpertingers

vor 220 Millionen Jahren	erinnert ein fleischfressendes, eierlegendes, säugetierähnliches Reptil, das *Cynognatus*, erstmals an ein Mischwesen.
vor 60 Millionen Jahren	Der später auftretende gehörnte Wühler *Ceratogaulus* darf als Urwolpertinger gelten.
vor 26 Millionen Jahren	gab es bereits seltsame Hornträger: *Cranioceras, Syndyoceras, Protoceras, Synthetoceras, Prosynthetoceras* ...
vor 35 000 Jahren	erinnert eine Ritzzeichnung auf einem Mammutzahn von Abri Mège, Frankreich, an den gehörnten Hasen.
in den weiteren Jahrtausenden	belegen bildliche Darstellungen die Existenz von gehörnten Mischwesen.
um 400 bis 300 v.Chr.	versichert der Gelehrte Aristoteles die Existenz von Wunderwesen. Der römische Schriftsteller Plinius berichtet in seiner »Historia Naturalis« vom Vorkommen eigenartiger Mischwesen. Der Feldherr Flavius Josephus pflichtet ihm bei.
um 100 bis 200 n.Chr.	veröffentlicht ein unbekannter naturkundiger Gelehrter, »Physiologus« genannt, ein Tierbuch, das später als »Bestiarium« weite Verbreitung erfährt, in dem auch sagenhafte Tiere dargestellt sind.
von 200 bis 1400	werden ständig neue »Bestiarien« publiziert, in denen neben bekannten auch neue unheimliche Tierwesen vorgestellt werden, von deren Existenz jedermann überzeugt ist.

um 1450	erreicht mit der Spätgotik die Darstellung von Fabeltieren, an der sich die Phantasie der Betrachter entzündet, ihren Höhepunkt.
um 1490	Die Maler Martin Schongauer und Matthias Grünewald stellen in ihren Bildern wolpertinger-ähnliche Wesen dar.
um 1500	Der Gelehrte Paracelsus und der Diplomat, Arzt und Zoologe Belonius waren von der Existenz seltsamer Mischwesen überzeugt.
1580	Der niederländische Kupferstecher Adriaen Collaert zeigt den gehörnten Hahn.
1602	erste Erwähnung des noch heute bekannten »gehörnten Hasen« in der Jagdliteratur
1606	werden aus dem Nachlaß des Schweizer Naturforschers Conrad Gesner Kopf und Schädel eines gehörnten Hasen gezeigt.
1612	Der niederländische Kupferstecher Adriaen Collaert macht den gehörnten Hasen auch in seinem Land bekannt.
1620	Conrad Gesners »Historiae animalium« sorgt für weitere Verbreitung der Kenntnis über den gehörnten Hasen.
1635	Gehörnte Hasen werden nun sogar auf Fliesen dargestellt.
1642	Im Werk »Monstrum historia« des italienischen Zoologen Ulisses Aldrovandi wird ein Doppelhase mit acht Beinen vorgestellt.
1650	Gehörnte Hasen auf Fliesen sind längst in Mode. Im Werk des verstorbenen Kupferstechers und Buchverlegers Matthäus Merian finden sich neben der Darstellung des gehörnten Hasen auch Bilder vom gehörnten Hahn, vom gehörnten Schwein und von der gehörnten Schlange.

Zeittafel

um 1660	Der Arzt und Weltreisende John Jonston macht den gehörnten Hasen in aller Welt bekannt.
um 1670	Conrad Gesners »gehörnter Hase« als Ganzdarstellung in seinem »Thierbuch« wird allgemein für wahr gehalten.
1753	am 12. März soll, wie die Brüder Grimm in ihren deutschen Sagen berichten, ein Krischer (also der erste Kreißl) aufgetreten sein.
1770	Der Gelehrte Georges Buffon äußert sich in seiner Naturgeschichte über den gehörnten Hasen.
1790	entsteht der Kupferstich »Flüchtender gehörnter Hase«.
1798	wird der Forstmann von Wildungen, ein kritischer Jäger, von seinem Zweifel am gehörnten Hasen bekehrt.
1817	entsteht ein Scherzvers: »Gehörnte Hasen soll es geben...« der an der Existenz dieses Wesens erneut zweifelt.
1860	Gründung des Wolpertingervereins 1860 n.e.V., der damals noch »Hornhasen-Verein« hieß.
1896	wird im »Brockhaus« der »gehörnte Hahn« erwähnt.
um 1900	ist in Bayern der Kreiß als Vorläufer des Wolpertingers bekannt.
	Der Schriftsteller Ludwig Ganghofer zeichnet den »Hirschbockbirkfuchsauergams«
um 1934	zeigt der weitsichtige Komiker Karl Valentin in seinem Panoptikum einen »Fischgemsigel...«, womit er sich zum Wolpertinger bekennt. Auch im heutigen Münchner Valentin-Musäum ist ein »Wolpertinger« ausgestellt.

nach 1945	häufen sich mündliche Berichte über die Jagd nach Wolpertingern im süddeutschen Raum. In diesen Jahren bis 1955 läßt sich auch der Begriff »Wolpertinger« erstmals eindeutig belegen.
1968	Mit Peter Kireins Buch »Der Wolpertinger lebt« wird dieses Phänomen nunmehr auch literarisch aufgearbeitet.
1982	Nach langer Forschungstätigkeit veröffentlicht Alfons Schweiggert sein Buch »Alles über den Wolpertinger«.
1985	1. Wolpertinger-Ausstellung im Münchner Jagd- und Fischerei-Museum, in dem auch sonst ständig 65 Wolpertinger zu sehen sind.
1988	2. Ausstellung am gleichen Ort.
1990	am 11. Dezember berichtet die Presse glaubhaft von der Existenz eines Fuchshasen in Polen.
1991	Im September wird in der Presse die geglückte Kreuzung von Huhn und Wachtel, aus der das »Huwa« hervorging, erwähnt.
1993	wird in Mittenwald das erste internationale Wolpertinger-Museum eröffnet.
1994	veröffentlicht Alfons Schweiggert mit seinem Buch »Wolpertinger oder der gehörnte Hase« erstmals eine ernsthafte wissenschaftliche Untersuchung des »Wolpertinger«-Phänomens.
	Im September organisiert Schweiggert im ZAM (Zentrum für außergewöhnliche Museen) in München die erste wissenschaftlich fundierte Wolpertinger-Ausstellung.

Zeittafel

Zur Geschichte des legendären Wolpertinger Vereins 1860 n.e.V.

1860 Gründung des Vereins am 11. Mai im oberbayerischen Städtchen Haag durch Alfons Schweiggerts Urgroßvater Johann Trautner, den Oberbürgermeister von Haag und seines Zeichens Kaminkehrermeister. Damals hieß die lose Vereinigung, die erst vier Mitglieder angehörten, Hornhasen-Verein 1860.

1885 25jähriges Jubiläum des Vereins mit Großer Wolpertinger-Jagd rund um die Haager Burg.

1890 Übergabe des Amtes an Schweiggerts Großvater, den Oberlehrer und Kollbacher Ehrenbürger Johann Trautner, der während seiner Amtszeit kein Aufsehen erregte.

1910 50jähriges Jubiläum des Vereins mit neuer Namensgebung: Kreißl Verein 1860 n.e.V., nachdem sich für den Hornhasen der bayerische Name »Kreißl« eingebürgert hate. N.e.V. bedeutet »nicht eingetragener Verein«, da sich diese Gruppe nicht behördlich erfassen ließ.

1931 Übernahme der Präsidentschaft durch Trautners Tocher Anna Schweiggert, die damit lange vor den ersten emanzipatorischen Bestrebungen wohl die erste deutsche Präsidentin war.

1935 75jähriges Jubiläum des Vereins ohne große Festlichkeiten. Rückzug der 312 Mitglieder und Sympathisanten in den politischen Untergrund, da es in dieser Zeit andere, weniger erfreuliche Geheimnisse gab.

1946 Neukonstitution des inzwischen nur mehr bruchstückhaft vorhandenen Vereinslebens. Wiederwahl von Anna Schweiggert als Präsidentin des Vereins. Auch die Zahl der Wolpertinger war kriegsbedingt empfindlich reduziert. Ganze 109 Tiere wurden noch registriert.

1960 Große 100-Jahrfeier des Vereins mit Umbenennung in »Wolpertinger Verein 1860 n.e.V.«, wie der Verein auch noch heute heißt. Mit der neuen Zeit war auch der neue Name »Wolpertinger« aufgekommen. Leichter Anstieg der Wolpertingerbestandszahlen auf 134.

1971 Aufnahme der Amtsgeschäfte des Geheimpräsidenten durch Alfons Schweiggert, dem jüngsten Sohn von Anna Schweiggert. Zunehmende beunruhigende Abnahme der Wolpertingerbestandszahlen.

1982 Mit »Alles über den Wolpertinger« beginnt Schweiggert die Veröffentlichung einer Reihe von wichtigen Fachbüchern zum Thema, die in der Öffentlichkeit interessierte Aufnahme finden. Parallel dazu arbeitet er an seiner Doktorarbeit »Der Wolpertinger. Bayerns heimliches Wappentier in Brauchtum und Geschichte von den Anfängen bis zur Gegenwart und seine Bedeutung für den äußerst fragwürdigen Umweltschutz in Bayern«.

1985 125jähriges Jubiläum des Vereins, das eigentlich keinen Grund zum Feiern bot. Wie Zählungen ergaben, belief sich die Anzahl der Wolpertinger zu diesem Zeitpunkt auf 78 Tiere. Alfons Schweiggert nannte sich daraufhin aus Protest »Geheimpräsident« des Wolpertinger Vereins 1860 n.e.V. und rüttelte durch diese Aktion das Bewußtsein der Öffentlichkeit wach.

1989 Die Anzahl der Vereinsmitglieder beläuft sich erstmals auf die feste Zahl von 312 Personen.

Sympathisanten gibt es zwar immer noch, sie werden aber nicht mehr gezählt. Wolpertinger gibt es hingegen erheblich weniger, nämlich nur noch 56 Tiere.

Abel, O.: *Vorzeitliche Tierreste im deutschen Mythos*, Brauchtum und Volksleben, Jena, 1939

Albertus Magnus: *De Animalibus,* Rom, 1478

Aldrovandi, Ulisses: *De Quadrupedibus Solidipedibus,* Bologna, 1616
Historia Monstrorum, Bologna, 1642

Akker, M. von den: *Tegel 18/1990 – stichting von vrienden van het tegelmuseum it noflik Sté,* Otterlo, 1990

Aristoteles: *De Generatione Animalium,* Venedig, 1526

Bauer Wolfgang, u.a.: *Lexikon der Symbole,* München, 1987

Beiderbeck, Rolf/Knoop, Bernd: *Buchers Bestiarium,* Luzern und Frankfurt/M., 1978

Beitl, Richard/Beitl, Klaus: *Wörterbuch der Deutschen Volkskunde,* 3. Aufl. Stuttgart, 1974

Blundell, Nigel: *Die größten Geheimnisse unserer Welt,* München, 1984

Borges, Jorge Luis: *Einhorn, Sphinx und Salamander,* München, 1964/1982

Bürger, G. August: *Des Freiherrn von Münchhausen wunderbare Reisen zu Wasser und zu Lande,* Frankfurt, 1968

Buffon, Georges: *Histoire naturelle des oiseaux,* Paris, 1770/86

Clair, Colin: *Unnatürliche Geschichten – Ein Bestiarium,* Zürich, 1969

Dacqué, Edgar: *Urwelt, Sage und Menschheit,* Müchen/Bern, 1938

Ergert, Bernd E., u.a.: *Deutsches Jagdmuseum München,* Braunschweig, 1979

Grimm, Jakob: *Deutsche Mythologie,* 4. Aufl. Berlin, 1875-1878

Grimm, Jakob und Wilhelm: *Deutsche Sagen,* München, 1956

Gesner, Conrad: *Historiae animalium I–IV,* Zürich, 1551
Vogelbuch, Zürich, 1557
Thierbuch (deutsch), Zürich, 1563
De serpentibus oder Schlangenbuch, fol. Heidelberg, 1613
Allgemeines Thierbuch, Frankfurt, 1669–70

Haining, P.: *Das große Gespenster Lexikon,* Düsseldorf, 1983

Herrmann, Paul: *Deutsche Mythologie,* Stuttgart, o.J.

Hiller, Helmut: *Lexikon des Aberglaubens,* München, 1986

Kirein, Peter: *Der Wolpertinger lebt,* München, 1968

Langelaan, George: *Die unheimlichen Wirklichkeiten,* München, 1975

Lurker, Manfred: *Wörterbuch der Symbolik,* 3. Aufl. Stuttgart 1985

Merian, Matthäus: *Welt der Tiere,* Reprint, Augsburg, 1990

Mode, H.: *Fabeltiere und Dämonen. Die phantastische Welt der Mischwesen,* Leipzig, 1977

Paracelsus von Hohenheim, *Theophrastus: »Sämtliche Werke«,* München/Berlin, 1929–55

Plinius, Gaius: *Historia naturalis,* Stuttgart, 1842

Ridinger, Johann Elisas: *Entwurf einiger Thiere*, München/Zürich, 1982
Sälzle, Karl: *Deutsches Jagdmuseum München, Eröffnungskatalog*, München, 1966
Schmeller, Johann Andreas: *Bayerisches Wörterbuch, 2 Bde.*, München, 1872–1877
Schöpf Hans: *Fabeltiere*, Graz, 1988
Schweiggert, A.: *Alles über den Wolpertinger*, Pfaffenhofen/München, 1982
Schweiggert, A.: *Und es gibt sie doch – Die Wahrheit über die Wolpertinger*, Pfaffenhofen/München, 1988
Simek, R.: *Lexikon der germanischen Mythologie*, Stuttgart, 1984

Signet der Fronberger Wolpertinger, das auch von dem Marsch-Moor-Geest Wolpertinger Verein in der niedersächsischen Stadt Nienburg genutzt wird.

Folgenden Personen und Institutionen danken wir für die Bereitstellung von Exponaten und Katalog-Fotos für die große Wolpertinger-Ausstellung 1994 im Zentrum für außergewöhnliche Museen (ZAM) in München :

Dr. Hans Blinn,
Präsident des Elwetritsche-Vereins 1982 e.V., Landau/Pfalz,

Manfred Humbs und Helmuth Kumeth
Präsidenten der Fronberger Wolpertinger, Schwandorf

G. und J. Kammermeier,
Wolpertingersammler, Bad Abbach

Angelika und Günter R. Kaut,
Wolpertingersammler und -fotographen, München

Manfred Klauda
ZAM, München

Anton Schweiggert,
Wolpertinger-Fallensteller, München

Jakob Spanner,
Wolpertinger-Jäger und Tierpräparator, Lanquaid/Oberleierndorf

Ingrid Supper,
Wolpertingerforscherin, München

Wolfgang Teichmann
Vorsitzender des Marsch-Moor-Geest Wolpertinger Vereins, Nienburg

Einbandgestaltung:
Heinz Kraxenberger, München
unter Verwendung von Farbbildern
von Ina und Walter Etschmann
Schwarzweiß-Illustrationen:
Alfons Schweiggert und Archiv des
Wolpertinger Vereins 1860 n.e.V.

Redaktion: Renate Weinberger
Lektorat: Hans Dollinger
Layout, Typografie und Satz (DTP):
BuchHaus.Robert Gigler.GmbH
Produktion: Manfred Metzger
Druck und Bindung:
Legoprint, Trento
Printed in Italy

ISBN 3-7787-3475-X